スキルアップ法律事務

破産申立ての事務手続

矢野公一 著

日本加除出版株式会社

推薦の言葉

　破産事件は法律問題の坩堝である。法律問題だけではなく，事務作業の集積場でもある。本書は長年法律事務に携わってきた著者が，破産事件，とりわけ自己破産（同時廃止）申立事件について焦点を当てて，的確かつ平易にまとめ上げた事務職員向けの書物である。

　本書を見れば，同時廃止事件，管財事件を含めた自己破産の申立ての要領が手に取るように理解ができる。評者も弁護士登録以来30年間，破産事件の申立てはもちろん，（旧）和議事件監督委員，民事再生申立代理人，破産管財人として数多くの倒産事件を取り扱ってきた（その間，著者と共に執務したこともある）。

　これらの作業に共通しているのは，的確かつ迅速な大量の事務処理が必須であるということである。正しくなくてはならない。しかし，遅くてはもっとダメなのである。手続きの成功は有能な事務職員と協働できるかどうかにかかっている。

　本書は上記のような破産実務に関して，必要かつ十分な情報を判りやすくまとめ上げた，ほかには例を見ない書物と言える。とりわけ，最近の破産実務では申立代理人の役割の重要性が飛躍的に高まっている。破産事件を取り扱う事務職員にはもちろん，経験の浅い弁護士にとっても有益かつハンディーな1冊となることには間違いないであろう。

　破産事件は決して後ろ向きの事件ではない。法人にせよ自然人にせよ，債務を整理して新たなステージを迎えるべき重要なステップなのである。本書を片手に，弁護士とともに新しい破産事件に挑んで頂ければと思う。

2018年10月

弁護士　塩　野　隆　史

（大阪大学客員教授・甲南大学兼任教授）

はしがき

　気が付けば，現在の法律事務の職に携わって，まもなく30年になろうとしています。

　これまで数々の案件に関わり，その都度新たに勉強し，知識を得て，また新たな案件に出会う。そういう作業を繰り返して，今まで得た知識や経験を後進に伝えていこうと考え始めて最初に手がけたものが『スキルアップ　法律事務テキスト』でした。

　ありがたいことに，多方面からご好評を頂き，前作の『スキルアップ法律事務　裁判所提出書類の作り方・集め方』まで順調に進んで参りました。

　これまでの執筆に加え，大阪弁護士会で開催される「事務職員研修」などで講義をしてきましたが，限られた時間の中で，多岐にわたる法律事務を講義するのは大変難しく，受講者の経験年数・勤続年数にも幅があるため理解の度合いに差があり，それらの問題点を克服することは一つの課題でもありました。

　法律事務は，専門性が要求される職業であります。それを習得するための制度が全国的には少なく，日本弁護士連合会での能力認定制度が唯一全国的な研修ではありますが，種々の事情により受講できず多くの事務職員はその能力習得のために独学で学ぶことを余儀なくされているのが実情でしょう。大都市である東京・大阪・名古屋などでは，単位弁護士会で研修が行われていますが，所属事務所の業務や，開催時間の関係で出席できない人も多く，その能力向上のための制度が全国的には整っていないのが現状です。

　今回，これまでのスキルアップシリーズの一つとして，破産手続について執筆することとなりました。破産事件の手引書やマニュアルというものは，現在でも多く出版されておりますが，そのほとんどは，

　●破産法の解説
　●破産管財事件の手引き・解説

が多く，事務職員が最初に手がけることが多い「破産同時廃止事件」に特化したものがあまり存在しませんでした。

そこで今回は，破産事件を法律事務所で受任した時，事務職員としての立場から，どのような観点で，どのような点に注意しながら仕事を進めていくのか，また，どのように取り組めばよいかを中心に，まとめ上げてみました。

主に，新人の事務職員が手がける「破産同時廃止事件」を中心に，必要とされる最小限の知識の解説と，そこから発展して「破産管財事件」の申立てについて解説するようにしました。

本作は，前半で破産事件に必要とされる知識をまとめた「知識編」，次いで破産同時廃止事件の申立をストーリー的にまとめた「同時廃止申立編」，そして最後に法人と自然人の「破産管財事件申立編」というように構成し，初めての方でもなじみやすいように工夫しました。

本書が，多くの法律事務職員，特に経験の浅い事務職員の方々のお役に立てれば幸甚です。

最後に，本作の執筆にあたり，ご協力を頂いた弁護士，裁判所書記官，法律事務職員，さらに，なかなか進まない執筆に根気よくおつきあい頂いた編集者の金塚万由美氏，渡邊宏美氏に感謝申し上げます。

2018年9月

矢 野 公 一

凡　例

　本文中の法令名は，原則として正式名称で記しましたが，根拠条文や参照条文を表す（　）内では，以下のとおり略記しています。

会更	会社更生法
裁	裁判所法
人訴	人事訴訟法
破	破産法
破規	破産規則
犯被保護	犯罪被害者等の権利利益の保護を図るための刑事手続に付随する措置に関する法律
不登	不動産登記法
民	民法
民執	民事執行法
民執規	民事執行規則
民訴	民事訴訟法
民訴規	民事訴訟規則
民訴費	民事訴訟費用等に関する法律
民訴費規	民事訴訟費用等に関する規則
民保	民事保全法
民保規	民事保全規則

目　次　vii

スキルアップ法律事務
破産申立ての事務手続

目　次

第 I 章　知識編

1　破産法の目的 ── 破産事件の誤解？ ──────── 3

2　破産事件（手続）の種類 ─────────────── 8
　(1)　破産管財事件 ……………………………………………… 9
　(2)　同時廃止（破216条1項） ……………………………… 12

3　破産原因 ───────────────────── 13
　(1)　支払不能・支払停止 …………………………………… 14
　(2)　債務超過 ………………………………………………… 16

4　破産申立てができる人（申立権者）──────── 20
　(1)　債権者（破18条1項） ………………………………… 21
　(2)　債務者（破18条1項） ………………………………… 22
　(3)　債務者に準ずる者（破19条） ………………………… 23

5　破産申立てをする裁判所（申立ての管轄）──── 25

6　破産申立てに必要な費用 ───────────── 31
　(1)　申立手数料 ……………………………………………… 32
　(2)　通信費としての郵券（郵便切手） …………………… 33
　(3)　破産予納金 ……………………………………………… 33

7　受任通知 ───────────────────── 35
　(1)　依頼者（債務者）の住所・氏名・生年月日 ………… 37

| | (2) | 依頼者の負債総額，債権者数 | 37 |
| | (3) | 事件の処理方針 | 37 |

8　破産手続開始決定 ── 40

	(1)	破産手続開始決定の要件	41
	(2)	破産手続開始決定に対する不服申立て	42
	(3)	同時処分	43
	(4)	付随処分	45
	(5)	破産手続開始決定の効果	46
	(6)	破産手続開始の申立ての取下げ制限	51

9　破産債権・財団債権 ── 52

	(1)	破産債権	55
	(2)	租税債権の破産債権化	56
	(3)	破産債権の種類・順位	57
	(4)	財団債権	60

10　自由財産 ── 64

	(1)	自由財産の定義と内容	65
	(2)	自由財産拡張制度（破34条4項，5項）	66
	(3)	自由財産拡張の方法	68
	(4)	自由財産拡張制度の運用基準	68

11　破産廃止 ── 70

	(1)	同時廃止（破216条）	71
	(2)	異時廃止（破217条）	72
	(3)	同意破産手続廃止（同意廃止・破218条）	73
	(4)	破産廃止の効果	74

12　破産免責・復権 ── 75

	(1)	破産免責	77
	(2)	免責申立ての方法	77
	(3)	免責許可についての審理	78
	(4)	免責不許可事由	78
	(5)	裁量免責	82
	(6)	免責許可決定の効果，非免責債権	83
	(7)	免責の取消（破254条1項）	84
	(8)	復権	85

第Ⅱ章　実践編1
破産同時廃止事件の申立て

Case 1　そらくん，破産事件を任される ……………………… 89

1　申立書 ————————————————————— 91

2　債権者一覧表 ————————————————— 93

3　財産目録 ——————————————————— 95

4　報告書 ———————————————————— 96

5　その他の書類 ————————————————— 97

Case 2　そらくん，打合せの準備をする …………………… 98

1　打合せ前の予備知識 ————————————— 100

　⑴　依頼者（申立人）の住所・氏名・職業 ………………… 100

　⑵　債務の内容（債権者の住所・氏名・債務額など）………… 101

　⑶　所有財産の内容（財産目録の作成）………………………… 101

　⑷　申立人（債務者）の職歴・経歴・収入など（報告書の作成）……… 101

2　打合せ準備 —————————————————— 102

Case 3　そらくん，依頼者との打合せに同席する（依頼者の本人確認） …………………………………………………… 105

1　依頼者の特定 ————————————————— 108

2　依頼者の本人確認 ——————————————— 108

3　依頼者の氏名・住所・生年月日・年齢の確認 ——— 109

　⑴　依頼者の名前・読み方，婚姻や養子縁組などによる姓名の変更の有

　　無 ……………………………………………………………… 109

　⑵　現在の住所・居所，住民登録の有無，本籍地・国籍 ……… 110

　⑶　生年月日・年齢 ……………………………………………… 112

　⑷　連絡先電話番号・メールアドレスなど ……………………… 112

Case 4　そらくん，依頼者との打合せに同席する（破産原因と債務状況の確認）……………114

1　破産原因の確認────────────────────118

2　債務総額・債権者数の把握──────────────118

3　月の返済額と収入の確認─返済原資（収入）の確認────119

4　支払不能であるか否かの判断────────────119

Case 5　そらくん，依頼者との打合せに同席する（債権者の確認）………………124

1　債権者名・住所・債権額などの整理──────────128

2　依頼者からの聞き取り──────────────128

3　借入れの有無の調査──────────────128
　⑴　銀行からの借入れの有無────────────128
　⑵　保険会社からの借入れの有無──────────130
　⑶　親族・友人からの借入れの有無──────────130
　⑷　勤務先からの借入れの有無────────────131

Case 6　そらくん，依頼者との打合せに同席する（受任通知の説明・今後の手続，準備してもらうもの，次回打合せの説明）………………138

1　受任通知の説明────────────────142

2　債権調査票の説明────────────────143

3　今後の説明──────────────────146

4　依頼者に準備してもらうこと，用意してもらう物，次回打合せの説明──────────────147
　⑴　依頼者にしてもらうことの説明──────────147
　⑵　次回の打合せ日の設定，用意してもらうものの説明──────149

Case 7　そらくん，受任通知と債権調査票を発送する。……………153

1　判明している債権者の確認────────────156

2　受任通知の文案の作成──────────────157

目　次　xi

3　債権調査票の作成————————————————157

4　受任通知と債権調査票の発送————————————158

Case 8　そらくん，債権者からの電話を受けて気が滅入り，債権調査票を整理する（債権者からの問合せ・債権者一覧表の作成）……………………159

1　債権者からの問合せ——————————————165

2　債権調査票の整理——————————————166

(1)　債権調査票を提出した債権者………………………………167

(2)　不送達になって郵便物が戻ってきた債権者………………167

(3)　郵便物を発送して戻ってきてはいないが，債権調査票の提出がされなかった債権者………………………………168

Case 9　そらくん，2回目の打合せに同席する（預かった資料を整理して，書類を作成する）……………………169

1　同時廃止の破産手続開始申立で使用する書式——————173

2　破産申立書（同時廃止用）————————————173

3　債権者一覧表————————————————174

(1)　同一の債権者が複数の債権を有する場合…………………175

(2)　連帯保証人・保証人がいる場合。保証会社・信用保証協会と保証委託契約をしている場合…………………………………………175

(3)　連帯保証人・保証人・保証会社・信用保証協会が，既に代位弁済した場合………………………………………………………176

(4)　債権者が債権の管理・回収を債権管理回収会社に委託・債権譲渡した場合………………………………………………………177

4　債権者一覧表（公租公課用）————————————177

5　財産目録——————————————————178

(1)　現　金………………………………………………………178

(2)　預貯金・財形貯蓄などの積立金……………………………178

(3)　保険（生命保険，火災保険，自動車保険等）……………179

(4)　賃貸借の保証金・敷金など…………………………………180

(5)　貸付金・求償金など…………………………………………180

(6)　退職金 ·· 181
　(7)　不動産 ·· 181
　(8)　自動車 ·· 184
　(9)　その他の動産 ·· 185
　(10)　その他の財産 ·· 185
　(11)　過払金 ·· 186

6　報告書 ──────────────────────────────── 187
　(1)　申立人の経歴等 ··· 187
　(2)　破産申立てに至った事情（債務増大の経緯及び支払ができなくなっ
　　　た事情）··· 188
　(3)　破産申立てに至った事情（具体的事情）··································· 189
　(4)　免責不許可事由に関する報告 ·· 191

Case **10**　そらくん，裁判所に行く（書類の提出，開始決定後の手続，免責許可決定を受け取る）················· 196

1　提出書類，その他必要なものの確認 ─────────────── 198

2　裁判所への申立書類の提出 ─────────────────── 199

3　申立書類の提出から開始決定まで ──────────────── 200

4　破産手続開始決定後の事務手続 ───────────────── 200

5　免責許可決定の申立て ────────────────────── 201
　(1)　免責異議申述期間 ··· 201
　(2)　免責許可決定 ··· 201

第Ⅲ章　実践編2
　　　破産管財事件の申立て

1　破産管財事件の申立て（法人）───────────────── 205
　(1)　破産管財事件とは ··· 207
　(2)　破産管財事件の受任 ··· 207

2　破産管財事件の申立準備（法人の場合）────────────── 215
　(1)　資料の収集 ·· 217

(2)	破産予納金の準備 ······································	219
(3)	債務の内容の調査 ······································	221
(4)	財産状況の調査，確保 ··································	229
(5)	従業員への対処 ··	241

3　申立書類の作成・提出 ————————— 246

(1)	依頼者側への協力要請 ··································	248
(2)	破産申立書の作成 ······································	248
(3)	債権者一覧表の作成・確認 ······························	250
(4)	財産目録の作成 ··	265
(5)	報告書の作成 ··	280
(6)	申立書類の提出 ··	283
(7)	破産手続開始申立ての取下げの制限 ······················	285
(8)	申立後，破産手続開始決定までの流れ ····················	286

4　破産管財事件の申立準備（自然人の場合）————— 288

(1)	本人の確認 ··	290
(2)	管轄の確認 ··	290
(3)	債務の確認・債権調査 ··································	291
(4)	資産の調査 ··	292
(5)	申立代理人側の準備 ····································	295
(6)	申立書の作成 ··	296
(7)	自由財産の拡張申立て ··································	297
(8)	申立書の提出から提出後の流れ ··························	297

巻末資料1	破産手続開始申立書（同時廃止の例）····················	301
巻末資料2	債権者一覧表（同時廃止の例）··························	302
巻末資料3	債権者一覧表（公租公課・同時廃止の例）···············	303
巻末資料4	財産目録（同時廃止の例）······························	304
巻末資料5	報告書（同時廃止の例）································	306
巻末資料6	破産申立書（法人・管財事件用）······················	313
巻末資料7	破産申立書（自然人・管財事件用）····················	314

事項索引 ————————————————————	315
著者紹介 ————————————————————	321

第 I 章　知　識　編

1 破産法の目的 ── 破産事件の誤解？

「破産したら借金を返さなくてよくなるんだよ。」
　　「それなら，破産した方が得になるんじゃないの。」
　　「だから借金いっぱいしてから破産したらいいんだよ。」
＊＊＊

　平成4年頃から不況（バブル崩壊）のあおりを受けて，「自己破産」の申立案件が増加しました。当時は，クレジットカードでの買い物の浪費（「カード破産」とよばれました），サラ金などの消費者金融からの多額の借金が原因となる破産申立て（「消費者破産」とか「サラ金破産」とよばれました）が多数あり，マスコミによる報道でも，
　　「借金をしても自己破産をすれば，借金を返さなくてよくなる。」
というストレートな報道もありました。そういう風潮の中，世間の人々は
　　　　「身勝手な借金をしておきながら，返さなくてよくなるなんて，おかしい。」
　　　　「まじめに生活している者がバカをみる。」
　　　　「遊ぶために借金して，借金まみれになった者を助けるなんておかしい！」
　　　　「いい加減な人間が，いい目をみるなんて，許されるわけがない！」
等々，破産という手続について批判的な意見が多く聞かれました。
　たしかに，「借金を返さなくてもいい」というのはおかしな話だと思うでしょう。でも，破産法が制定された目的は，破産法1条にあるように，
　①　債務者と債権者との間の権利関係を適切に調整
　②　債務者の財産等の適正かつ公平な清算を図る
　③　債務者について経済生活の再生の機会の確保を図る
ことにあります。

破産法第1条
　「支払不能又は債務超過にある債務者の財産等の清算に関する手続を定めること等により，債権者その他の利害関係人の利害及び債務者と債権者との間の権利関係を適切に調整し，もって債務者の財産等の適正かつ公平な清算を図るとともに，債務者について経済生活の再生の機会の確保を図ることを目的とする」

簡単にいうと，破産という手続を始めることで，ある時点（破産手続開始決定時）を境として，債務者が有する財産で「破産財団」というものが形成され，「破産財団」の代表ともいうべき「破産管財人」によって，それらの財産を管理・現金化し，債権者に公平に分配する。その結果，破産者は，全ての財産を失いますが，破産手続開始決定時以降は，債権者からの請求を免れ，それ以降に得た新たな財産は，自分のものとして，再スタート（経済的な更生）をすることができ，債権者は，債務者に請求はできなくなりますが，他の債権者とともに，債権額に応じて公平に配当を受けることができます。ただし，債権全額に満たないでしょうから，不足分については，あきらめることになりますが，税務上は「損金」をして計上することができます。

このように，破産法は，債権者と債務者の関係を調整し，債権者に公平な配当をし，債務者の経済的更生を目的とするものです。

しかし，カード破産や消費者破産の債務者は，カードを使って無分別に買い物をしたり，生活費困窮で消費者金融から借金を繰り返したりして破産に至った経緯があるのですから，そういう人たちには預貯金や不動産などの財産は全く無い，というのが実状です。ですから，そのような人が破産しても，債権者に配当することなど到底望めないでしょう。というより，最初から破産財団を構成することもできません。

そこで，破産法216条1項では「破産財団をもって破産手続の費用を支弁するのに不足すると認めるときは，破産手続開始の決定と同時に，破産手続廃止の決定をしなければならない。」と規定しています。つまり，破産財団を構成する財産すら無い，又は破産財団ができたとしても，破産手続費用すら支出できないような場合は，破産手続開始と同時に破産手続を終わらせてしまう（「廃止」といいます），ということです。これを「同時廃止」といいます。

先に説明したとおり，破産手続の目的は，債務者の財産を換価し債権者に公平に分配し，債務者（破産者）の経済的更生を図る，ということからすると，この「同時廃止」は例外といえるでしょう。しかし，現在，各地方裁判所に申立てられる破産申立事件の多くがこの「同時廃止」であり，破産事件全体の6割，平成15年〜18年頃では7割強を占めていました。

また，新人の事務職員が，この「同時廃止」事件を事務案件として最初に扱うことが多いので，どうしても「破産事件」＝「同時廃止」というイメージが付いてしまい，通常の破産財団が形成される事件（「管財事件」とよばれています）は例外のように思っている人が多いことも事実です。

その結果，債務者に破産手続開始決定が出されるが，債権者への配当はされない，そのあと破産者に破産免責決定が出され，結局は，債務者（破産者）が借金を免れておしまい，というものが「破産手続」であるという認識が生まれ，

　　　　「借金をしても破産したら返さなくていいから，破産した方が得だ！」
というイメージができあがってしまいました。

しかし，先に説明したとおり，破産制度の目的は，

　　　　「債務者の経済的更生と債権者への公平な配当をすること」
ですので，破産法が，本来予定している「管財事件」がメインで，「同時廃止」は例外と考えるべきでしょう。

2 破産事件（手続）の種類

(1) 破産管財事件

　破産法は，原則として，破産管財人を選任し，破産手続を進めるとしています。ですから，「破産管財事件」（「管財事件」といいます）は，破産事件の本筋といえます。

　管財事件の手続ですが，まず，地方裁判所により破産手続開始決定が出されると同時に破産管財人が選任されます（破31条1項）。そして，破産者が破産手続開始決定時に所有していた財産（本来的自由財産を除く）によって「破産財団」ができあがります。破産管財人は，破産財団の財産を換価処分して（つまり，現金化するのです），換価して得た金銭を債権者に対し公平に配当します。しかし，破産財団（破産者の財産）にある財産の換価・処分や，破産管財人が行う手続には，相応の費用が必要となります。そういった費用は破産財団にある財産を現金化して得たお金と申立債権者によって予納された費用（予納金）から支出されるので（つまり，破産財団が支出するので），そのような必要な費用等を除いて（控除して）残ったお金が債権者への配当に充てられるのです。だから，手続が複雑で長引いたため，多額の費用がかかり，最終的に破産手続を進めるための費用すら不足する，又は，債権者へ配当できるだけのお金が残らない，ということもあり得ます。

　このように，最終的に破産手続の費用を支弁するのに不足すると認められるとき，破産管財人の申立てもしくは職権によって，その段階で配当に至らず破産手続終了する決定がなされます。これを「破産廃止」といい，管財事件として破産手続が始まったが，手続を進めていくうち，破産財団の財産が破産手続の費用を支弁するのに不足すると認められ，配当に至らず廃止の決定がなされる場合を「異時廃止」といいます（破217条1項）。

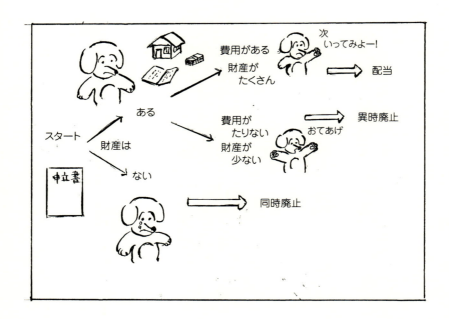

　ただ，管財事件といっても，破産者となる人（法人，自然人）の状況は，それぞれ違います。借金の額が小さく，債権者の数が少なく，持っている財産が換価できそうな不動産や預貯金・保険のみであるようなケースであれば，手続を進めるのは比較的容易であると考えられ，ある程度，画一的・迅速な処理が可能なケースと，他方，借金が大きい人，資産があるけどお金に換えることができそうにない物ばかりある人，日本全国あちこちに不動産を所有している人，会社であれば従業員数が多い・取引先企業が多い・取引先にいかがわしい団体がある等々，換価業務・手続進行が複雑困難になることが予想され，個別に進行管理することを要するケース（つまりは難易度が高いケース）があることから，多くの裁判所では，管財事件を類型化する運用がなされています。
　分類される形式としては，
　① 特に個別的に処理しなければならないような問題のない事件（これは「一般管財事件」という名称としている裁判所が多いです）
　② 負債総額が大きい，債権者数が多い，財産の換価業務が困難であるこ

とが予想されるなど様々な事情から，画一的な手続処理をするには不適当で，手続を個別に進行・管理する必要があると判断させる管財事件（これは「個別管財事件」という名称としている裁判所が多いです）として扱われています。

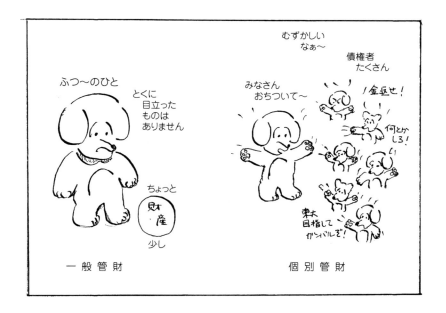

　一般管財事件は，破産予納金も低額で，開始決定後も迅速に事件が処理されます。反対に，個別管財事件は，債権調査を行い債権の内容を精査し破産債権として認定できるか否か（これを「認否」といいます）を判断し，破産債権者に対しては，財産状況の報告や債権の認否の状況の報告のための債権者集会を行うなどの様々な手続を行います（破産法が本来想定した破産手続を実践しているといえるでしょう）。

　申立てをした破産事件が，一般管財事件になるか個別管財事件になるかの目安となる基準について，一例ですが，大阪地方裁判所では，以下のような基準を設けています（平成30年現在）。

【大阪地方裁判所での基準】

① 債権者数が200人以上の場合

② 訴訟により相当額の財産の回収が見込まれるが，相手方が実質的に争うことが予想され，そのために6か月以上の期間を要すると見込まれる場合

③ 不動産が各地に多数存在する，売掛金が著しく多数存在する

④ 債権者申立て又は本人申立て等の事件で，破産者に申立代理人等がいないために財産調査に困難性があり，そのために6か月以上の期間を要することが見込まれる場合

⑤ 債権者集会を複数重ねる方法で進行管理することが安全面や施設面からみて不相当な場合

ただし，これらはあくまでも目安となる基準なので，①～⑤のどれかにあてはまっても，一般管財事件として処理することに支障がないと考えられる案件もあるし，また逆に，一般管財事件として申し立てられた事件であっても，その事件の個別事情から，個別管財事件とする方が相当であると裁判所により判断され，個別管財事件として処理されることもあります。

(2) 同時廃止（破216条1項）

申立人が債務者である場合（自己破産），現金・預貯金・不動産などの「プラスの財産」がほとんど無い，ということがあります。このように最初から破産財団を構成する財産そのものが無いことがはっきりしているのであれば，破産管財人を選任しても配当に至らず廃止となることは明らかです。そこで，破産法では，申立てがあった自己破産事件で，最初から破産者の財産が乏しく，破産管財人を選任しても破産手続を進める費用すら出せないことが明らかな場合は，裁判所が破産手続開始と同時に破産手続を終了させることができるとしました。これを，「同時廃止」といいます（破216条1項）。

同時廃止となった事件は，破産手続開始決定と同時に破産廃止決定が出され，破産手続は，終了します。

3 破産原因

14　第Ⅰ章　知識編

　バブル崩壊時に，
　　　「破産すれば借金を返さなくて済むんだから，破産したい！」
という人がいました。しかし，破産したいといって，すぐに申立てができる
わけではありません。
　破産手続開始の申立てをするには，その原因となる事実が必要です（つま
りは，多少借金をしたからといって，すぐに破産申立てができるわけではない，
ということです）。これを「破産原因」といいます（破30条1項）。
　破産法では，①支払不能，②債務超過の2つが破産原因とされています。

(1)　支払不能・支払停止

①　支払不能

　支払不能とは，「債務者が支払能力を欠くために，その債務のうち弁
済期にあるものにつき，一般的かつ継続的に弁済することができない状
態」をいい，自然人・法人ともに認められる破産原因です（破2条11項）。
むずかしい言い方をしていますが，単語が堅苦しいだけで，内容はそれ
ほど難しくはありません。
　「支払能力を欠く」とは，財産・信用・労務のいずれをとっても債務
を支払うことができないことをいいます。「財産」とは文字通り，現
金・預貯金・不動産などで，それらが無いならば借金を返済していくこ
となど到底できませんが，現在は経済的に苦しい状態でも，その人（債
務者）に信用があるので，他人からの援助を受けることができる，さら
には特殊な技能・技術があれば，それにより仕事を得たり，どこかに勤
めたりするなどして，将来収入を得ることも可能ですから，その状態で
は支払不能とはいえません。しかし，預貯金，現金，信用など，なにも
ないとなれば，債務（借金）を返済していくことはできないでしょう。
このように，現在の財産状態・経済状態だけでなく，将来の収入見込み
も含めて「財産・信用・労務のいずれをとっても債務を支払うことがで
きるかどうか」を判断して，できないのであれば「支払能力を欠く」に
あたると判断します。
　「一般的」とは，全ての債務を支払うことを意味します。破産申立て

をしようとする人は，債権者が1名というケースもあり得ますが，多く
は複数（2名以上）の債権者がいるもので，それらは銀行やカード会社，
消費者金融会社であったり，個人的に借金した友人，知人，親戚であっ
たりします。そういう債権者が多数いる場合に，

> 「友人・知人・親戚には払えるけど，銀行やカード会社には払え
> ない。」
> 「住宅ローンは払うけど，カードローンは払えない。」

という人がいます。ようするに，一部の債権者には払うけど，その他の
債権者には払えない（というより，払いたくない），ということでしょう。
しかし，支払不能にあたるかどうかの観点からすれば，これは「一般的
に支払うことができない」とは言えないことになります。

「継続的」とは，文字通り，支払いを続けていくことであり，現時点
では払えるけれど，来月は払えない，再来月はどうなるかわからない，
という状態であれば，「継続的に債務を弁済することができない状態」
であるといえるでしょう。つまり，資金繰りが困難な状態で，定期的な
返済ができない状態をいい，一時的にお金がない，というような状態は
これにあたりません。

② 支払停止

支払停止とは，「弁済能力の欠乏のため，弁済期が到来した債務を一
般的かつ継続的に弁済することができない旨を外部に表示する行為」を
いいます。支払停止それ自体は破産原因ではありませんが，支払停止に
あたる事実があれば支払不能と推定されます（破15条2項）。

具体的にどのような事実があれば支払停止といえるかですが，明示的
なものとしては，

ア 支払不能であることを記載した通知を債権者宛に送付する。

イ 弁護士が破産手続開始申立の代理人となった旨の通知（受任通知）
を債権者宛に発送する。

黙示的なものとしては，

ウ 店じまい

エ 夜逃げ・行方不明

16　第Ⅰ章　知識編

などがあります。

　他に，法人や個人事業者などで，銀行と当座預金取引をしている者は，手形や小切手の不渡りにより支払停止とされる場合があります。特に，手形不渡りは，盗難，偽造など支払義務がないことが明らかな場合を除き，金融機関取引約定上，6か月以内に2度繰り返すことによって銀行取引停止処分となり，これにより支払停止となります。

(2)　債務超過

　債務超過とは，債務者が株式会社，財団などの法人であるとき，その法人の債務につき，法人所有の資産をもって完済することができない状態をいいます。つまり，債務額の総額が資産の総額を超過している状態です。

　債務超過の判断は，現在の財産と負債の額で判断します。ここが支払不能と異なる点です。

　この債務超過は，法人についてのみ破産原因とされています（破16条1項）。ただ，法人であっても，無限責任社員がいる会社（合名会社など）は，破産原因となりません（破16条2項）。

　なぜ，債務超過が法人のみの破産原因とされているかについては，株式会社を考えてみれば理解しやすいです。株式会社は，設立にあたり広く一般の人から出資を募ったり，発起人となる人たちが出資したりして，会社の基礎となる財産を作ります。それに対して出資した人たちに「株式」を発行し，出資者は「株主」となります。そういう意味で「株式会社」の所有者は「株主」であることになります。そして，会社に配当可能な利益が出れば，株主に対して配当をします。

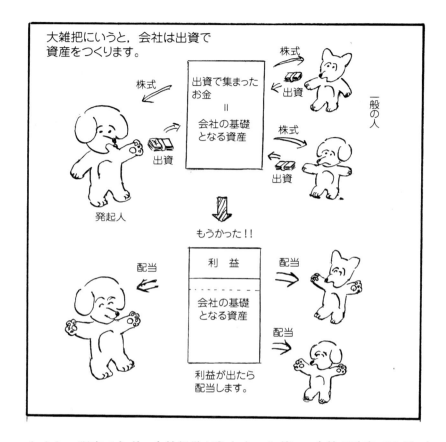

　しかし，配当できず，会社経営がうまくいかずに，会社が破産（倒産）するとなった場合，会社の所有者である「株主」は，株式会社に対する債権者に対して個人的に責任を負いませんが，出資した金銭（出資金）は返ってきません。つまり，株主は出資したお金（出資金）の範囲のみで責任を負う（お金を出資してそれを諦めることで責任をとる）ことになります（これを「株主有限責任の原則」といいます）。ですから，会社債権者は，株主に対して責任を追及する（株主に返済を求める）ことはできないことになります。

　また，株式会社の役員（代表取締役，取締役，執行役など）に対しては，たしかに取締役には会社法上，責任追及の規定はありますが，これは，故意過失，任務懈怠などにより会社に損害を与えた場合の責任であり，会社の債務

について，役員が個人的に連帯保証をしているなどが無い限り，会社と取締役は別人格ですから，役員が個人として会社の債務の返済をしなければならないということにはなりません（ただ，取締役として会社法上の責任追及を受けることはありえます）。仮に，取締役らが個人的に会社の債務について連帯保証をしていたとしても，会社の債務が減るわけではありません。

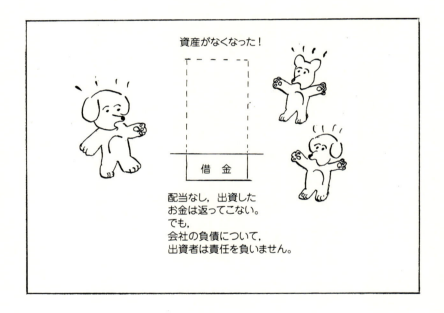

つまり，会社債権者にとっては，会社の財産が唯一の債権の引き当てになるのです。だから，会社の財産よりも会社の債務の方が多い「債務超過」の状態になっていると，もはや会社としては返済していくことは不可能となります。なので，債務超過が法人の破産原因とされているのです。

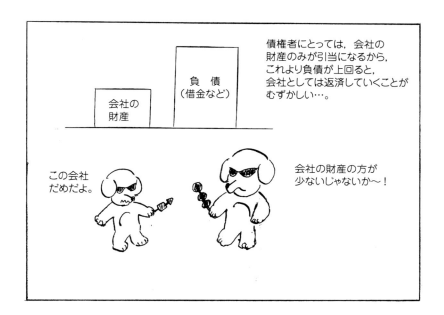

　この他，相続財産の破産の場合があります。相続財産の破産とは，被相続人に破産原因がある場合において，相続財産を相続人の固有財産から分離して破産財団とし，相続債権者と受遺者のみに配当を行う手続をいいます（破222条以下）。

　相続財産の破産手続は，

「相続財産をもって相続債権者及び受遺者に対する債務を完済することができないと認めるとき」

　すなわち，相続財産が債務超過の場合にのみ開始されます（破223条，30条1項）。そもそも相続財産は，亡くなった人（被相続人）が死亡時に持っていた財産で，固定されており，それ以上増加することは期待できないからです。

4 破産申立てができる人（申立権者）

破産申立ては，誰でもできるわけではありません。申立てができる人は決まっており，債権者と債務者が破産申立てをすることができます（破18条1項）。

(1) 債権者（破18条1項）

債権者による破産申立てを「債権者破産」といいます。破産手続の目的の一つに債務者の財産を債権者に対し公平に分配し，債務者の経済的更生を図ることがあります。債務者が持っている資産以上の借金（債務）を抱えている状態になっているにもかかわらず，取引，借金を繰り返すなどして債務を増やし続けると，いずれその債務者は借金で首が回らなくなってしまい（経済的破綻をしてしまい），その時点で債務者が持っている財産も売ってしまうとか，ほかの債権者に無償で譲ってしまうとか，隠してしまうとか，費消してしまう可能性もあります。そうなってしまうと，債務者には借金（債務）だけ残って，現金，預貯金，不動産などのプラスの財産はなくなってしまいます。そこで，経済的破綻の可能性がある債権者，つまりは破産原因のある債務者に，それ以上，無謀な経済活動を続けないように，債務者所有の財産を破産財団（破産管財人）の管理下において，財産を処分し公平に配当させるために，債権者がその債務者の破産申立てをすることができます。

債権者は，

> ● 債務者に対する債権を持っていること
> ● 債務者に破産原因があること

を証明して破産申立てをします。申立人（債権者）の債権は，破産手続開始決定時に存在することが必要です。破産手続開始決定後に破産申立てをされた債務者がそれを不服として抗告し，その抗告審前に申立人に対して債務者が債務を弁済して，申立人の債権が消滅したとしても，破産原因が消滅したと認められる場合を除いて，破産手続開始決定は取り消されません。

　この債権者破産は，債権者が他人である債務者の破産申立てをするのですから，債務者に関する事情の中で，申立人である債権者が知らない事情もあるでしょう。そこで，申立てをされた債務者が，「自分には，負債以上の価値がある不動産や預貯金があること」等，自分には破産原因がないことを証明すれば，破産手続開始決定は出されません。

　具体的な事例を想定してみます。

　利息制限法に反した金利で返済をし，その結果，正常金利で返済していたならば元利金ともに返済が終了しているにもかかわらず返済を続けていた場合，金融業者に対して支払いすぎた返済金の返還請求をする，いわゆる「過払金返還請求」事例において，金融業者が「赤字経営で返還金を支払う余裕がない。」と回答したことに対し，過払金返還の債権者がその金融業者の破産申立をして，金融業者の財産を分配する，という方法を選択します。このように債権者破産申立は，債権者が債務者の経済的破綻を食い止め，債権の回収を図ることを目的とするものです。

⑵　債務者（破18条1項）

　債務者が自らを破産者とするよう申立てをする場合で，自分自身で自分を破産者とするように申立てをするので「自己破産」とよばれています。実際に立件されている破産申立案件の大部分がこの自己破産です。破産法の目的は，債務者の財産を破産者に対し公平に分配し，債務者の経済的更生を図り，

その時点での債務者の財産を換価し債権者に配当することがあります。そのうち債務者が経済的更生，つまり借金をきれいにしようとして再スタートをするために，自分を破産者とする破産申立てができるとされています。

　債務者が自然人（個人）の場合は，その本人が申立人になりますが，法人の場合は，法人が申立人となります。法人が破産申立てをする時は，その法人の執行機関の決議が必要です。具体的には，株式会社であれば取締役会決議が，財団法人であれば理事会決議がこれにあたります。取締役等の役員会で，破産申立ての決議をしたうえで，その議事録を申立ての添付資料として提出する必要があります。

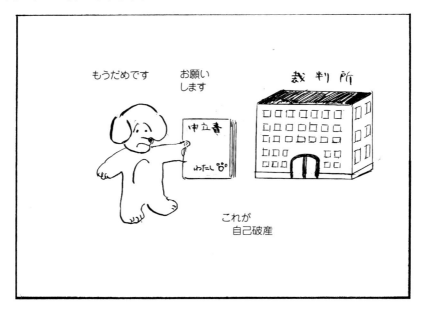

(3)　債務者に準ずる者（破19条）

　一つの例ですが，株式会社の代表取締役が破産申立てをする決意をしたとしても，取締役の中に反対をする者がいるため，取締役会決議を得ることができないことがあります。また，別の例ですが，破綻しつつある株式会社では，責任追及から逃れるため，行方不明になってしまう取締役が出てくるこ

ともあり（行方不明になっても責任を免れるわけではないのですが，逃げ出してしまうのでしょう），この場合も取締役全員の賛同を得ることができません。

このような場合は，一部の取締役（1名でも可能です）のみで破産申立てをすることができます。これを「自己破産」と区別して「準自己破産」とよばれています。

この他，相続財産の破産の場合は，被相続人に対して債権を持っていた債権者（相続債権者）や被相続人から遺贈を受けた人（受遺者）は，債権者の立場から相続財産の破産申立てができ，また，相続財産の当事者とみることができる立場である相続人・相続財産管理人・遺言執行者が破産申立てをすることができます（破224条1項）。

5 破産申立てをする裁判所（申立ての管轄）

破産申立てをするにはどこの裁判所に申立てをするか，これが「申立ての管轄」の問題です。日本の裁判所の種類としては，簡易裁判所・地方裁判所・家庭裁判所・高等裁判所・最高裁判所などいろいろありますが，破産申立ての場合はまず，事物管轄は，申立人の総債務額にかかわらず，全て地方裁判所になります。次に，どこの地方裁判所に提出するかという土地管轄については，以下の要件から判断します。破産事件の管轄は専属管轄（破6条）なので，合意管轄（民訴11条），応訴管轄（民訴12条）などの適用は除外されます（破13条，民訴13条）。

① **債務者が営業者である場合，債務者の主たる営業所の所在地，主たる営業所が外国にある場合には，日本における主たる営業所の所在地を管轄する地方裁判所（破5条1項）**

② **債務者が営業者でない場合又は営業者であっても営業所を有しない場合，債務者の普通裁判籍の所在地を管轄する地方裁判所（破5条1項）**

③ **①②では管轄裁判所が決定できない場合は，債務者の財産の所在地を管轄する地方裁判所（破5条2項）**

また，相続財産の破産の場合は，

④ **被相続人の相続開始時の住所地を管轄する地方裁判所が管轄裁判所となり（破222条2項），この管轄裁判所がない場合には，相続財産に属する財産の所在地を管轄する地方裁判所**

が管轄裁判所（破222条3項）となります。さらに，現在では，申立人となる債務者の組織形態（全国各地に多数の支店がある，親会社と子会社が同時に破産申立をするなど）や債務総額，債権者数が多いなど複雑・大規模な破産事件について，合理的・迅速に手続を進めるようにするため，土地管轄に以下の特例が設けられています。

⑤ **親会社と子会社が共に破産申立をする場合（破5条3項，4項）**

親会社の破産事件・再生事件・更生事件が係属している裁判所に，子会社の破産手続開始申立ができます。反対に，子会社の破産事件・再生事件・更生事件が係属している裁判所に親会社の破産手続開始申立をすることができます。

「親会社」「子会社」についてですが，ある会社（A社）が別の会社

（B社）の議決権を有する株式の過半数を有しているとき，A社はB社の「親会社」，B社はA社の「子会社」といいます。株式会社というのは，その会社に出資した人に対して「株式」というものを発行し，「株式」をもっている人は一般的に「株主」とよばれています。通常，株式にはその数に応じて「議決権」（一株式一議決権）というものがあり（議決権が無い株式もあります），株主総会で決議をする場合，その議決権を行使する方法によって行われます。つまり，発行済みの株式が5000株である会社の株式を2501株持っている株主は，その会社の株主総会の決議を意のままに操ることができます。なので，A社がB社の議決権を有する株式を過半数以上持っているということは，A社はB社の株主総会で，B社の取締役の選任・解任などの重要な決議を意のままに操ることができることになります。そういう点から，A社とB社の関係のような会社を「親会社」「子会社」とよびます。

　こういう「親会社」と「子会社」の関係は，日本では「グループ会社」ともよばれ，ある会社が特定の新規事業を行うときに，その事業を担当する部署を会社の一部門として行うこともありますが，経営戦略上，別会社を設立してその会社でその新規事業を行うこともあります。その場合，別会社を設立するときに元の会社が出資して設立することが多く，その結果，「親会社」「子会社」の関係ができあがるのですが，この両方の会社の破産申立てがなされ，破産手続を進めることになったとしましょう。法人格としては，「親会社」も「子会社」も別人格ですから，破産事件としては，別々の事件として扱われますが，出資の関係をみてもわかるように，「親会社」と「子会社」は経営的，経済的にも密接に関連しています。ですから，この両者の破産事件を別々の裁判所で行うのは非効率的で，同一の裁判所で扱うのが合理的といえ，破産法では，こういう「親会社」「子会社」のように経済的に密接な関係にある法人の破産申立てについては，同一の裁判所で扱える規定をおいています。

⑥　法人とその代表者がともに破産申立てをする場合（破5条6項）

　法人の破産事件・再生事件・更生事件が係属している裁判所に，その代表者の破産手続開始申立てができます。反対に，法人の代表者の破産事

件・再生事件が係属している裁判所にその法人の破産手続開始申立をすることができます。

　法人とその代表者とは別人格ですが、その両者は経済的に密接な関連をもっていることが多いです。具体的には町工場や小さな商店で、社長（代表者）とその家族が取締役であり従業員であるというもの、もっと極端な例では、事実上その会社で働く人は社長一人しかいない、税務上、経理上、会社組織にしているだけというように、実質上は「法人＝代表者」といえます。また、特に中小・零細企業では、会社が金融機関などから融資を受けるにあたり、代表者個人が連帯保証人となっていることが多いので、法人とその代表者が破産手続開始申立をする場合、その両方の事件を同一の裁判所で扱うようにする方が合理的であることから、このような規定がおかれています。

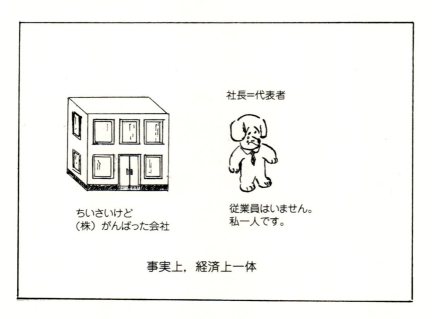

⑦　相互に連帯債務者の関係にある者、主たる債務者と保証人、夫婦が共に破産申立てをする場合（破5条7項各号）
　　相互に連帯債務者の関係にある個人、相互に主たる債務者と保証人の

関係にある個人，夫婦などのように，複数の者が相互に経済的に密接な関係にある者については，そのうちいずれか一人について破産事件が係属している裁判所に他の者の破産手続開始申立ができます。

連帯債務とは，数人の者が同一内容の可分給付について，各々独立して全部の給付をなすべき債務を負担し，そのうち一人又は数人が全部の給付をすれば総債務が消滅する債務の形態で，連帯債務を負担している者を連帯債務者といいます（民432条から445条）。

保証債務は，ある債務（これを「主たる債務」といいます）について，主たる債務が履行されない場合に，代わってその債務を履行する債務であり，主たる債務の債務者を「主たる債務者（主債務者）」，保証債務の債務者を「保証人」といいます。

連帯債務者の人たちと，主債務者と保証人（連帯保証人を含む）らは，その負担する債務について密接な関係があります。また夫婦は日常生活から負担してきた債務について相互に借入れをしたり連帯保証人となったりしていることもあります。その観点から，このような関係にある者の破産手続については，同一の裁判所で扱うのが合理的であり，このような規定がおかれています。

⑧　**大規模事件の場合**（破5条8項・9項）

債権者数の多い破産事件については，専門的・集中的な扱いが可能な比較的大きな規模の裁判所で扱う方が効率的であること，経験豊富な管財人を選任する可能性が高いことから，

　　ア　破産手続開始決定が出されると破産債権者となる債権者の数が500人以上であるときは，原則となる管轄裁判所の所在地を管轄する高等裁判所の所在地を管轄する地方裁判所

　　イ　破産手続開始決定が出されると破産債権者となる債権者の数が1000人以上であるときは，東京地方裁判所又は大阪地方裁判所

にも申立てをすることができる，としています。

アの規定は，少しややこしいのですが，例えば，主たる営業所が神戸市にあり，破産債権者が500人以上になる株式会社の破産事件の申立てをするとします。この場合の管轄裁判所としては，原則として，主たる

営業所のある神戸市を管轄する神戸地方裁判所が挙げられますが，もう一つ，神戸地方裁判所を管轄する高等裁判所（大阪高等裁判所）の所在地（大阪市北区）を管轄する地方裁判所である大阪地方裁判所にも申立てをすることができる，ということです。

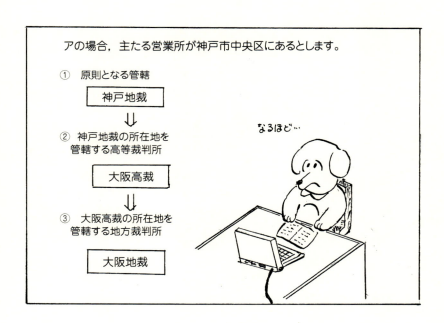

6 破産申立てに必要な費用

破産手続開始申立をするには，その費用が必要となります。破産しようとする人は，お金がないから破産するのに，そのためにお金がかかるなんて矛盾しているように思えますが，破産手続を進めるためには，それ相応の費用がかかります。そのための費用は誰かが負担しなければなりません。

では，誰がその費用を負担すべきかですが，破産法の目的の一つに「債務者の経済的更生をはかる」ことがあります。つまり，債務者は破産手続開始決定を得て，経済的に再出発をすることができるのですから，そのための費用は利益を受ける債務者本人が負担すべきでしょう。また，債権者破産では，債務者の破産手続開始決定により，その時点での債務者の財産を換価して配当を得るのが目的ですから，やはり，それにより利益を受ける申立債権者が費用を負担するべきでしょう。

具体的に必要な費用としては，以下のものがあります。

(1) 申立手数料

民事訴訟提起の際の訴訟物の価額に対応する手数料と同じものです。
破産手続開始申立で納める手数料は，債務総額，債権者数に関係なく，一

律に，自己破産申立（準自己破産を含む）では1,000円，債権者破産申立では20,000円となっており，通常，収入印紙を申立書に貼付して納付します（平成30年現在）。

さらに，個人である債務者が，破産手続開始申立（自己破産申立）をした場合，申立ての際に反対の意思を表示していない限り，破産手続開始申立と同時に免責許可申立をしたものとみなされるので（破248条4項），免責許可申立の手数料の500円も納めることになり，合計1,500円を納付することになります（平成30年現在）。

(2) 通信費としての郵券（郵便切手）

破産事件では，裁判所から文書を送付したり，管財人から通知をすることもあるので，最初の申立ての段階で，そのための郵券（郵便切手）を納付します。

納付する郵券の券種や金額は，各裁判所の運用（手続の進め方）によって多少違いがありますので，必ず申立前に裁判所に確認するようにします。

(3) 破産予納金

予納金の金額は，破産財団となるべき財産の種類や債務の内容，債権者の数などの負債の状況，その他の事情を考慮して決められます（破22条，破規18条）。例えば，債務者の持っている不動産が日本各地にあり，換価が困難だとか，債権者数が多くて債権の認否に時間がかかるとか，破産申立直前に多数の債権者が債務者の財産を奪っていったので，それらを全部取り戻す必要があるとか，そういった個々の事情を考慮して予納金が決められます。

ただ，裁判所が受理する破産事件の件数が多いので，特に困難ではない（特殊な事情がない）破産事件については，各裁判所で一定の金額（例えば，一般管財事件は20万円，個別管財事件で債務者が法人の場合は100万円，個人の場合は50万円など）が定められています。

この予納金は，破産手続を進めるための費用であるので，破産管財人が選任された後に，破産管財人に引き継がれます。

これ以外に，破産手続開始決定が出されたことを，一般に知らせるために，

官報に公告として掲載するので，その官報公告掲載費用が必要となります。
　破産予納金の納付は手続開始の要件なので，納付がない場合には破産手続開始申立ては却下されます（破30条1項1号）。

7 受任通知

弁護士が破産申立て又は債務整理事件などを受任したとき，債権者に対して「受任通知」を発送することがあります。受任通知を発送する目的は以下のとおりです。

> ・弁護士が代理人となったので，今後の連絡は全て弁護士を通してもらい，本人（債務者）とは直接連絡をとらないようにすることを要請する。
> ・債権の発生時期，発生原因（例：平成○年○月○日，カードローン契約），現在の債権額（例：元金×××円，平成○年○月○日から年△％の割合による遅延損害金）について回答をもらう（債権調査を行う）。
> ・事件処理の方針（自己破産か，債務整理か，個人再生かなど）の連絡。

受任通知を出す際の注意点は，同時廃止，管財事件によって多少違います。

受任通知の様式は，特に規定はなく，それぞれの弁護士の趣味というかポリシーというか，様々あると思いますが，要点としては，以下の事項を記載するのが一般的と考えられます。

⑴　依頼者（債務者）の住所・氏名・生年月日

金融業者・金融機関に対しては，債務者を特定する必要があるので，氏名と生年月日を記載します。住所と氏名については，その金融業者，金融機関と契約したときの住所・氏名と現在の住所・氏名が異なっているのであれば，旧姓名，旧住所もいっしょに記載します。

⑵　依頼者の負債総額，債権者数

不明の場合は記載しません。

⑶　事件の処理方針

自己破産の申立てをするのか，任意の債務整理をするのか，ある程度の方向性を示しておきます。特に債権者が銀行・信用金庫などの金融機関であれば，事件処理の方針により内部処理の方針が異なってきます（例えば，担保

としている不動産を任意で売却するのか担保不動産競売申立をするのか，連帯保証人への請求を開始するか否か，などです）。破産手続の準備を進めるうえで，債権者に協力を求めることもあるので，ある程度の方針について明らかにしておく方が債権者との関係を良好に保つ必要があるでしょう。

　受任通知の発送方法は，各事務所で様々です（郵送・FAXなど）。一般的に多く用いられているのは郵送で，さらに債権者への到達日を明確にしたい場合は，特定記録郵便や書留郵便を利用します。後に受任通知の到達日を立証する必要があるときは，内容証明郵便を利用することもありますが，受任通知とともに債権調査票を同封する必要があるとき，内容証明郵便だと他の書面を同封することができないので，内容証明郵便を利用することはあまりないと思います。

　それから，受任通知といっしょに債権調査票を送り，債権者に対して債権の内容について問い合わせ，回答をもらうことをする場合があります。同封するものとしては，
　・債権調査票用紙
　・返送先明記・郵券貼付の返信用封筒
で，債権調査票の様式には特に決まりはなく，裁判所によっては，定型書式を用意しているところもあります。以上より債権調査で回答をしてもらう事項は，おおよそ次のようなものになるでしょう。

債権者名（法人であれば法人名と担当者名）
住所・本店所在地
電話番号・FAX番号
債権の発生原因・発生時期・当初債権額（契約時債権額），現在額，利率・損害金率
担保・連帯保証人の有無

7 受任通知　39

8 破産手続開始決定

8 破産手続開始決定 | 41

(1) 破産手続開始決定の要件

　破産手続開始申立が裁判所に提出されると，その申立てに対して裁判所は審査を行います。この審査のポイントは，破産手続開始の要件が整っているかどうかであり，その要件とは，次のとおりです。

・破産原因の存在すること
・民事再生，会社更生などの他の手続が開始されている，又は開始されようとしているなどの破産障害事由がないこと
・不当な目的で申し立てられていないこと
・費用の未納がないこと

　破産手続開始の要件が充足されていれば，裁判所は，破産手続を開始する旨の決定を出します（破3条）。これが破産手続開始決定で，「破産開始決定」「開始決定」などとよばれています。この開始決定には，

　「債務者○○○○の破産手続を開始する。」

と記載され，年月日と時間が記載されています（破14条，破規19条2項）。時間が記載される理由は，開始決定以後に破産者（債務者）が新たに取得した財産は新得財産となり，破産財団には組み入れられないので，その境目を明確にするためです。

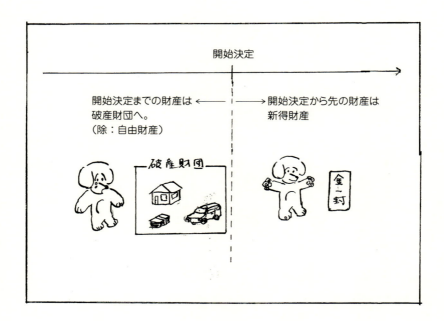

　なお，民事訴訟の判決等は（仮執行宣言がなければ）確定した後に執行力が生じますが，破産手続開始決定の効力は，この開始決定が出された時に生じます（破30条2項）。これは，手続を迅速に開始して，破産者の財産の散逸を防ぐことからこのように規定されています。

(2) 破産手続開始決定に対する不服申立て

　破産手続開始決定に対する不服申立てとして，利害関係人は即時抗告することができます（破33条1項）。自己破産の案件ばかりやっていると，せっかく出された開始決定に対して，不服なんてあるはずがない，と思うのでしょうが，自己破産に対しては債権者が，
　　「財産があるのに隠して破産申立てしているんじゃないか。」
と考え，破産開始決定に対して不服申立てをすることもあるでしょうし，債権者の申立てにより破産手続開始決定が出されたら，その破産者（債務者）は，
　　「自分には破産するような事情がない（破産原因がない）ので，破産開

始決定が出されるのはおかしい。」

といって不服申立てをすることもあるでしょう。

ちなみに，利害関係人は，

① 破産手続開始決定に対しては，破産者，申立人以外の債権者

② 破産申立棄却決定に対しては，申立人及び他の債権者

③ 破産申立却下決定に対しては申立人

であり，即時抗告の期間は開始決定の公告の翌日から2週間になります（破9条，10条）。

(3) 同時処分

破産手続開始決定が出されると同時に，裁判所はいくつかの処分を行います。これを「同時処分」といいます。「処分」というと仰々しいのですが，簡単にいえば，破産手続を進めていくうえで必要ないくつかのことを決めるということです。具体的には以下のようなことが決められます（破31条）。

① **破産管財人の選任**（破31条1項本文）

破産手続開始決定と同時に破産管財人が選任されます。選任は開始決定と同時ですが，実際には，開始決定前に裁判所が選任予定の弁護士に対して就任を打診し（この段階では破産管財人候補者です），これは，債権者となるものがその弁護士の依頼者や顧問先になっていないか等の利害関係があるか等を確認するためで，問題がなければ開始決定時に選任されます。これは，開始決定後直ちに破産管財業務に就けるように，また事前の準備が必要なこともあるためです。

② **破産債権の届出をすべき期間**（破31条1項1号）

債務者が破産したときは，原則として，債権者は「破産債権者」となり，破産手続以外では行使できなくなります（破100条1項）。そこで，破産債権者が破産手続に参加するために，自らの債権の内容を書面に記載して，破産管財人に対して届出をします。これを「破産債権届出」又は「債権届」とよんでいます。裁判所は，破産手続開始決定と同時に，その債権届出をする期間を定めます（破111条1項，破規20条1項1号）。ただ，開始決定時に申立時に提出されている財産目録などから，破産債

権者への配当ができない，破産手続の費用すら不足するであろうと認められるときは，配当できないのに破産債権者に債権届を出してもらっても無意味になるので，この期間は定められません。

③ **破産者の財産状況を報告するために招集する債権者集会の期日**（破31条1項2号，破規20条1項2号）

破産手続は，最終的には，破産債権者に対して，その債権の種類，債権額に応じて配当を行うことが目的ですから，債権者としては，

「手続はどこまで進んでいるのだろうか。」

「土地や建物を売ることはできたのだろうか。」

「配当はいつごろになるのだろうか。」

などが気になるところでしょう。このように，破産債権者は破産手続の進捗状況について関心があるので，破産法では，破産管財人から破産債権者に対して破産手続の進捗状況を説明する機会が規定されています。それを一般に「債権者集会」といいます。

この債権者集会は，その報告の内容によって名称が定められており，破産手続開始決定と同時に「財産状況報告集会」という債権者集会の期日（開催日）が定められます。

「財産状況報告集会」では，破産手続開始後，その時点での破産者の財産の状況，つまり，「全ての債務額がどのくらいで，どのような財産があるか」などを説明します。

ただ，裁判所は，判明している破産債権者の数やその他の事情を考慮して，財産状況報告集会を招集することを相当でないと認めるときは，その期日を定めないとすることができます（破31条4項）。

④ **破産債権の調査をするための期間**（債権調査期日を設けて破産債権の調査をする場合はその期日）（破31条1項3号）

債権届出期間を定めて，債権者から債権届出書を提出してもらうと，その届出された債権は実際に存在するのか架空なのか，債権額は破産者が把握している額と同じか異なるのか，そもそも破産債権となるべき債権なのか等，破産管財人の側で調査します。これが「債権調査」です。裁判所は，破産開始決定と同時にこの債権調査をするための期間を定め

ます。ただし，②の場合と同じく，破産債権者への配当ができない，破産手続の費用すら不足するであろうと認められ，債権届出期間は定められないときは，債権届出がなされないのですから，この債権調査期間は定められません。

なお，この①〜④について，同時廃止事件の場合には，破産手続開始決定が出されると同時に破産手続は終了するので，これらの同時処分はなされません。

(4) 付随処分

同時処分とは違い，破産手続開始決定後，遅滞なく裁判所が行う処分を「付随処分」といいます。この処分は，債務者について破産手続開始決定がだされたことを広く周知させ，第三者に不測の損害を与えないようにすることが目的です。

① 公　告

　これは，債務者に破産手続開始決定が出されたことを一般に周知させるものです。その方法は，「官報」に掲載することで行います。掲載内容は，破産手続開始決定の主文や破産管財人の氏名または名称，債権届出期間など破産手続に関係ある事項です。「官報」とは，国の広報紙で国民に対して法令などを公告する国の機関誌です。公告する場合にはこの官報に掲載する方法が用いられます。日常生活ではあまりお目にかかることがないかもしれませんが，官報に掲載することによって国民に周知させたと擬制すると考えればわかりやすいと思います（つまり，実際に官報を見ていなくても知らせたとする，ということです）。

② 通　知

　債務者に破産手続開始決定が出されたことを，判明している債権者（これを「知れている債権者」といいます）等の関係者へ個別に通知します。法改正が行われる前の頃（「破産宣告」といわれていた頃です）は，破産宣告と債権届出の用紙を債権者に送付していましたが，現在では通知をするという方式になっています。ただ，破産債権者が1,000名以上の大規模事件では，その通知事務そのものが大変な作業になるので，裁判所

が相当と認めるときは通知が省略されます。ただ，このような大規模事件ではマスコミなどの報道により告知されることが多いので，各債権者に通知をせずとも知れ渡るのが現実でしょう。

③ 登記・登録の嘱託等

破産者に不動産や特許権など登記・登録をしている事項がある場合，裁判所書記官により，破産手続開始決定の登記（登録）の嘱託がなされます。これにより，その登記・登録している事柄に関して取引をしている，又はしようとしている第三者に対して，債務者が破産していることを知らせ，取引するかしないかを考える機会をつくる，つまり，取引の安全を図るということが目的です。登記については不動産や法人登記が主なもので，登録は特許・実用新案などがあります。

(5) 破産手続開始決定の効果

① 財産に対する効果

破産手続開始決定が出されると，その時点で破産者が持っている財産は，破産者の手を離れ，破産財団となり（破34条1項），財産の管理及び処分権は破産管財人に移ります（破78条1項）。つまり，破産者が持っている財産は，破産管財人の管理下に置かれ，処分・換価されることになり，それらの財産に対する権利を失います。

また，破産手続開始前に生じた原因に基づいて発生する将来の請求権も破産財団に属することになります（同2項）。

ただし，破産財団に属せず，破産者の自由になる財産もあります。これを「自由財産」といいます。自由財産については，破産者の自由になる財産，つまり破産者に管理・処分権があり，破産財団には組み込まれないので，これについては権利を失いません。

② 自然人（個人）の居住制限

破産手続開始決定が出されると，破産者は，破産手続が終わるまで居住制限を受け，破産手続中は裁判所の許可なくその居住地を離れることができなくなります（破37条1項）。この趣旨は，破産者に説明義務や破産手続に協力するようにして，財産隠匿や逃走などの破産手続の妨害を

防ぐことにあります。ここでいう「破産者」は，破産手続開始決定を受けた個人である破産者を意味します。破産者が法人である場合，代表者，支配人，理事，取締役，執行役及びこれらに準ずる者にこの規定が準用されます（破39条）。

「居住地」とは，破産手続開始決定の時点で破産者が現に居住する場所をいいます。住民登録している住所（住民票上の住所）と一致するとは限りません。次に「居住地を離れる」ですが，まずは「転居」や「逃亡」はこの「離れる」にあたります。居住地を離れる「出張・旅行」ですが，その行先が海外の場合は1泊でもこの「離れる」にあたりますが，国内では2泊以上がこの「離れる」にあたると考えられています。

破産者が居住地を離れるときは，裁判所に対し，その許可を得るための申立てが必要です。申立てには裁判所が判断するための事実を提供する必要があります。具体的には，

・居住地を離れる目的・理由
・転居の場合は転居先・転居日，出張・旅行の場合は，行先・期間
　連絡方法など

などです。裁判所は，破産手続に対する協力の確保，破産手続の妨害防止の観点から，明らかに問題がある場合でない限り，申立てが許可される傾向にあります。

③　個人（自然人）の資格制限

破産手続開始決定が出された後，個人（自然人）の破産者に対しては資格制限がされ，一定の職業に就けなくなります。破産者自身，自分の経済的な管理ができずに破綻したのですから，他人の財産等を管理するような仕事に就くことはできなくなるということです。具体的に法律に規定されている職業の例としては以下のものがあります。

・警備業（警備業法3条1号）
・生命保険募集人，損害保険代理店，少額短期保険募集人（保険業
　法279条1項1号）

- ・弁護士（弁護士法7条5号）
- ・弁理士（弁理士法8条10号）
- ・税理士（税理士法4条3号）
- ・公認会計士（公認会計士法4条4号）
- ・司法書士（司法書士法5条3号）
- ・行政書士（行政書士法2条の2第3号）

④　通信の秘密の制限

　破産手続開始決定が出された後，破産者宛の郵便物は，破産管財人の職務の遂行のために必要と認められるときは，裁判所が職権で郵便物及び信書便物を破産管財人宛に配達すべき旨の嘱託（「回送嘱託」といいます）をします（破81条1項）。さらに破産管財人には，その職務を遂行するために，破産者宛の郵便物を開披する（開封して中身を確認する）権限が与えられています（破82条1項）。これは，破産者が持っている財産を破産管財人が調査するための規定です。破産管財人は，回送された破産者宛の郵便物を点検し，その差出人及び内容を調査することにより，破産財団に組み込まれるべき財産を新たに発見し，破産者の財産隠匿を防ぐことが目的です。例えば，生命保険・損害保険に関する様々な通知から保険契約の存在を確認し，解約返戻金を発見できたり，投資信託の取引経過報告などで，投資信託の存在がわかることがあります。

　転送の対象となる「郵便物」は，郵便法14条に定める第一種から第四種までの郵便物で，日本郵便が取り扱うものです。「信書便物」とは，民間事業者による信書の送達に関する法律2条3項に規定される郵便物以外の，特定の受取人に対し，差出人の意思を表示し，又は事実を通知する文書を送達するものであり，総務大臣の許可を受けた信書便事業者によって取り扱われるものです。

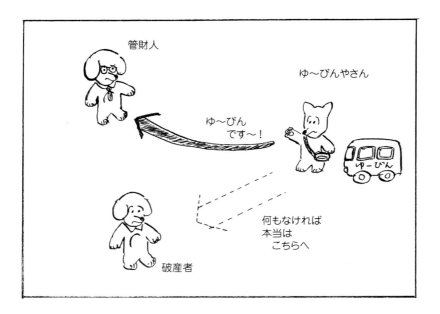

⑤ 訴訟上の効果

　破産手続開始決定が出されると，破産者を当事者とする破産財団に関する訴訟は中断します（破44条1項）。そして，この中断した訴訟手続のうち，破産債権に関しないものは，破産管財人が受継することができるとされています（破44条2項）。

　ここでいう「訴訟」は，破産手続開始決定前に係属している（提起されている）訴訟をいいます（開始決定後に提起される訴訟については，その時点で破産管財人が当事者となるので，受継の問題は起こりません）。

　そして，「破産債権に関しないもの」が受継の対象となります。例を挙げると，破産者が占有していた物（自動車，宝石，建物などなど）があり，第三者から「それは私の物だから返せ！」と所有権に基づく返還請求訴訟を提起されている時に，破産手続開始決定が出され，破産管財人が選任されたとします。対象となっている物は，破産者が占有している財産なので，破産財団に属する物であり，その物に対する所有権に関する争いなので，

「破産財団に関する訴訟のうち，破産債権に関しないもの」
にあたり，破産管財人の受継の問題となります。

「破産債権に関する訴訟」については，その訴訟は中断し，破産管財
人は受継せず，その債権については破産手続内で「届出・調査・認否」
が行われ，破産債権者表に記載されると確定判決と同一の効力を有する
ことになります（破124条3項）。

これ以外の破産財団に関しない訴訟（破産者が個人の場合は，離婚請求
訴訟，認知請求訴訟など）については，その手続は中断せず，破産者自
身が訴訟を続けることになります。

⑥　強制執行や保全執行への影響

破産法42条1項には，

破産法42条1項
　「破産手続開始の決定があった場合には，破産財団に属する財産に対
する強制執行，仮差押え，仮処分，一般の先取特権の実行又は，企業担
保権の実行で，破産債権若しくは財団債権に基づくもの又は破産債権若
しくは財団債権を被担保債権とするものは，することができない。」

とあります。これは，破産手続開始決定後は，破産債権は破産手続での
み行使可能なので，個別に強制執行や仮差押等はできなくなる，という
ことです。

さらに，破産法42条2項前段には，

破産法42条2項前段
　「前項に規定する場合には，同項に規定する強制執行，仮差押え，仮
処分，一般の先取特権の実行及び企業担保権の実行の手続で，破産財団
に属する財産に対して既にされているものは，破産財団に対してはその
効力を失う。」

とされています。ちょっとややこしい書き方ですが，つまりは，破産手
続開始決定前に債務者（破産者）の財産に対して強制執行，仮差押，仮
処分がなされていた場合，その債務者（破産者）に対して破産手続開始

決定が出されると，その強制執行，仮差押，仮処分が破産財団に対して効力を失う，ということです。これは，破産財団に属する財産は破産債権者に対する配当の原資となり，また，破産債権は破産手続でのみ行使可能であり個別行使できないので，破産手続開始決定前になされていた強制執行等は効力を失う，とされるのです。

(6) 破産手続開始の申立ての取下げ制限

　破産手続開始の申立人は，破産手続開始の決定前に限り，申立てを取り下げることができます（破29条前段）。これは，破産手続開始決定が出されると破産手続が進行するが，これは，全破産債権者のために進む手続であるので，開始決定後に申立人が勝手に取り下げをすると，破産手続の進行によりわずかでも配当を期待している破産債権者全体に不利益を及ぼすことになるからです。

　また，破産手続開始決定前でも「中止命令」や「包括的禁止命令」によって保全処分がなされている場合は，取下げに際して裁判所の許可が必要になります。これは，債務者が破産申立てを理由に破産裁判所から中止命令や保全処分命令を得て破産債権者からの権利行使を排除し，債権者からの追及を排除できたら，もう破産の必要は無い，として申立てを取り下げることができるとすると，破産申立てを根拠に債務者から権利行使を妨げられた債権者に損害を与えることになるからです。

9 破産債権・財団債権

9 破産債権・財団債権　53

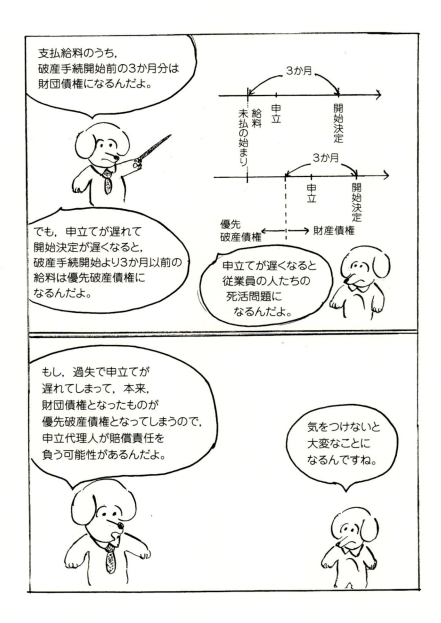

(1) 破産債権

　破産債権とは，破産者に対する債権で，破産手続開始前の原因に基づいて生じた財産上の請求権で財団債権にあたらないものをいいます（破2条5項）。つまりは，破産債権の要件としては，

---

① 破産者に対する債権であること
② 金銭的評価が可能であること
③ 執行可能な請求権であること
④ 破産手続開始決定前の原因に基づくものであること

があります。破産債権が破産者に対する債権であることは当然ですが，破産配当を受ける地位を有し，配当額計算の基礎となるものなので，金銭に換算できる必要があります。この点，もともと金銭債権であれば問題ありませんが，建物収去土地明渡請求権のように，金銭債権ではありませんが代替執行により債務者である破産者に対する金銭債権に変われば破産債権となり得ます。また，「パーティでピアノを演奏する」という債務は，演奏をする債務者（破産者）自身が演奏をしなければならないので，破産債権とはなりませんが，債務者（破産者）がピアノを演奏できなかったため損害が生じ，その損害賠償請求権に転化したのであれば金銭債権となり，破産債権となり得ます。

　さらに，債権の発生原因があり，それを履行する時期があります。例えば，貸金債権ならば返済時期を3か月後とした場合，債権の発生は貸付時ですが履行期は3か月後となります。ただ，破産手続開始決定により，債務者（破産者）は当然に期限の利益を喪失するので，履行期が到来したことになります（民137条1号）。例えば，AさんがBさんに3月にお金を貸して（債権の発生），10月に返してもらう（履行期）という場合に，Bさんが8月に破産手続開始決定を受けたとします。8月の時点では，AさんのBさんに対する債権の履行期は未だ到来していないのですが，破産手続開始決定が出されたことにより，10月を待たずに返済期限が到来した，ということになるわけです。

　破産債権に含まれる請求権としては，

| 56 | 第Ⅰ章　知識編 |

ア　破産者に対し，破産手続開始前の原因に基づいて生じた財産上の請求権

イ　破産手続開始後の利息請求権

ウ　破産手続開始後の債務不履行による損害賠償または違約金の請求権

エ　破産手続開始後の延滞税，利子税，延滞金の請求権

オ　国税徴収方又は国税徴収の例によって徴収することのできる租税等の請求権であって，破産財団に関して破産手続開始後の原因に基づいて生ずるもの

カ　加算税または加算金の請求権

キ　罰金，科料，刑事訴訟費用，追徴金または過料の請求権

ク　破産手続参加の費用の請求権

ケ　双務契約，市場の相場がある商品の取引に係る契約の解除により相手方が有する損害賠償の請求権

コ　委任契約において，委任者に破産手続開始決定が出され，受任者が破産手続開始の通知を受けず，かつ，破産手続開始の事実を知らないで委任事務を処理した場合に生じた委任事務処理に関する請求権

サ　交互計算により相手方が有する残額請求権

シ　為替手形の振出人または裏書人に破産手続が開始された場合，支払人または支払予備人がその事実を知らないで引受けまたは支払いをしたことによって生じた債権

ス　破産者の受けた反対給付によって生じた利益が破産財団中に現存しない場合に相手方が有する価額償還請求権

があります。

(2)　租税債権の破産債権化

　破産法改正前は，税金の未納など，破産宣告前（当時）の原因に基づく租税等の債権は，全額財団債権となり，破産債権に優先して破産財団より弁済を受けていました。これは，租税債権等は公共のための財源となるため国民に課されるものであるという公的性質から破産債権とは異なる扱いをされていたためです。しかし，その結果，破産者にある程度の財産があっても，その全てが財団債権としての租税債権の弁済に充てられ，破産債権者への配当

がされず破産廃止となる事案が多くありました。

　そこで，破産法が改正され，破産手続開始前の原因により生じた租税等の債権は，破産手続開始時に納期限が到来していないものおよび，納期限から１年を経過していないものが財団債権となり（破148条１項３号），破産開始時に具体的納期限から１年以上経過しているものについては破産債権となる（破98条１項）とされました。

(3)　破産債権の種類・順位

　破産債権の中には，実体法上，他の破産債権よりも優先権があるものや，反対に劣後するもの（優先権がないもの）があります。

①　優先的破産債権

　　これは，他の破産債権（一般の破産債権，劣後的破産債権）よりも優先して配当を受けることができる破産債権です（破98条１項）。どのようなものが優先的破産債権となるかは法律的に規定があります。

ア　破産財団に属する財産につき，一般の先取特権を有する債権

　　これは，民法306条で規定されている先取特権を有する債権で，

　　(ア)　共益の費用

　　(イ)　雇用関係

　　(ウ)　葬式の費用

　　(エ)　日用品の供給

があります。この「共益の費用」のうち破産手続に関するものは財団債権として扱われます。「雇用関係」に基づく債権は，雇用関係により生じた先取特権，つまり給料などがこれにあたり，破産法が改正される前は６か月分については優先債権とされていましたが，破産法改正後，全額優先的破産債権とされ，破産手続開始前３月間の給料債権は財団債権とされました（破149条１項）。「葬式の費用」は，相続財産の破産の場合を思い浮かべますが，それに限らず，破産者の実親の葬式費用なども一般の先取特権を有する債権となり優先債権として扱われます。上水道料金，電気料金，ガス料金は「日用品の供給」にあたります。これらについては，破産手続開始の申立の後，開始決定が出

されるまでの間の債権で，「破産財団の管理，換価，および配当に関する費用の請求権」（破148条2項）にあたれば財団債権となります。

イ　破産財団に属する財産について，その他一般の優先権がある破産債権

　　これには「企業担保法に基づく企業担保権」があります。株式会社が社債を発行するにあたり，その会社の総財産は，その社債の担保となります（企業担保権）。その結果，破産手続開始決定が出された株式会社が社債を発行し，その社債の担保のために企業担保権が設定されていたら，その社債権者は優先的破産債権者となります。

　　優先的破産債権間の順位ですが，

　　㋐　国税・地方税

　　㋑　公課（国民保険料，厚生年金保険料など）

　　㋒　その他私債権

となります。

② 劣後的破産債権

　　これは他の破産債権が配当された後に配当を受ける破産債権です（破99条1項）。実際の配当となると，一般の破産債権ですら全額配当されることなんてまず無いので，劣後的破産債権に配当されるなんてことは，ほぼ無いといえるでしょう。それなのになぜ，このように規定されているのかというと，以前（免責制度が導入される前のころ）は，破産宣告（当時）がされた後の利息・損害賠償などは破産債権とはされていませんでした。なので，配当を受けることもなかったのですが，破産宣告後の債権なので，破産手続外で行使され，破産者自身の負担となっていました。そうすると，破産者の経済的更生という面で不都合となるので，免責制度が導入されるにあたりこれらの債権を破産債権と扱うこととなったのです。

　　劣後的破産債権となるものには，以下のものがあります。

　　ア　破産手続開始決定後の利息（破99条1項1号，97条1号）

　　イ　破産手続決定後の不履行による損害賠償及び違約金（破99条1項，97条2号）

　　ウ　破産手続開始決定後の延滞税，利子税，延滞金（破99条1項1号，

97条3号)

エ　国税徴収法によって徴収される請求権であって破産財団に関して破産手続開始決定後の原因に基づいて生ずるもの（破99条1項1号，97条4号）

オ　加算税，加算金の請求権（破99条1項1号，97条5号）

カ　罰金・科料・刑事訴訟費用・追徴金・過料（破99条1項1号，97条6号）

キ　破産手続参加の費用の請求権（破99条1項1号，97条7号）

ク　破産手続開始後に期限が到来すべき確定期限付債権で無利息のもののうち，破産手続開始の時から期限に至るまでの期間の年数に応じた債権に対する法定利息にあたる部分（破99条1項2号）

ケ　破産手続開始後に期限が到来すべき不確定期限付債権で無利息のもののうち，債権額と破産手続開始の時における評価額の差額に相当する部分（破99条1項3号）

コ　金額および存続期間が確定している定期金債権のうち，各定期金につきクの規定により算定される額の合計額に相当する部分（破99条1項4号）

③　約定劣後破産債権

「約定劣後破産債権」とは，劣後的破産債権に遅れて配当を受ける破産債権で，破産債権者と破産者の間で，破産手続開始決定前に，その債権者について破産手続が開始されたとすれば破産手続での配当の順位が劣後的破産債権に遅れる旨の合意がされた債権をいいます（破99条2項）。

破産債権間では，その配当を受けるにあたり，優先劣後する順位があります。具体的には，次のようになります。

⑷　財団債権

　財団債権とは，破産手続によらないで破産財団から随時弁済を受けることができる債権をいいます（破2条7項）。財団債権は破産配当を待たずにその都度（随時），破産財団から弁済を受けることができる点で，破産債権と大きく異なります。つまり，債権者の立場からすると自分の持っている債権が「破産債権」となるか「財団債権」となるかで大きく違うことになるのです。

　なぜ，このような違いがあるのかですが，「財団債権」とされる債権には，破産手続を進めるために必要とされる費用や，手続を進める中で発生した債権など，債権者全員の利益のためという「共益性」があったり，租税債権や労働債権（給料など）のように社会的に優先権を認めるべきであるということに基づくためです。

　「財団債権」となるものは，破産法148条に規定されています。

①　**破産債権者の共同の利益のためにする裁判上の費用**（破148条1項1号）

　　「裁判上の費用」とは，破産手続遂行について破産裁判所が行う行為に関連して発生する一切の費用を含み，破産申立ての費用・破産公告の費用・債権者集会の招集費用などがあり，これらは「共益性」が認められる点で財団債権とされています。

②　**破産財団の管理・換価・配当に関する費用**（破148条1項2号）

　　破産管財人の報酬請求権や，財産目録の作成費用（破153条2項）などがこれにあたります。①と同じく，「共益性」の観点から財団債権とされています。

③　**破産財団に関し破産管財人のなした行為により生じた請求権**（破148条1項4号）

　　破産財団に属する財産を換価するために破産管財人が行った法律行為（売買，賃借など）により生じる債権がこれにあたります。たとえば，破産管財人が職務を遂行するために他人（第三者）との間で不動産の賃貸借契約をしたり，必要な人材を雇備したりするときに発生する請求権（賃料請求権，報酬請求権など）です。

④ 事務管理・不当利得により財団に対して生じた請求権（破148条1項5号）

　破産手続開始決定後に破産財団のためになされた事務管理に基づく費用償還請求権などは，破産財団の利益となるから財団債権とされます。

⑤ 委任終了又は代理権消滅の後，急迫の必要のためになした行為により財団に対して生じた請求権（破148条1項6号）

　委任者又は受任者のどちらかに破産手続開始決定が出されると，委任契約は終了するので（民653条），委任関係に基づいてなされた行為から生ずる費用などは，破産財団とは関係が無いとなりますが，委任終了後，急迫の事情により受任者などが行った事務処理は，破産債権者全体の利益となることから，財団債権とされています。これに対し，急迫な事情がなく，さらに破産手続開始決定が出されていることを知らずに行ったために生じた請求権は，破産債権とされます（破57条）。

⑥ 双方未履行の双務契約において，管財人が債務の履行を選択した場合において，相手方の有する請求権（破148条1項7号）

　双方未履行の双務契約について，破産管財人が契約の履行を選択した場合（破53条1項），相手方は契約の履行義務を負うので，公平の観点から，相手方が破産財団に対して有する請求権も財団債権として，破産財団（破産管財人）が履行義務を負うとされています。例えば，AさんはBさんとの間で，所有していた絵画をBさんに売却する売買契約をして，絵画の引渡しも代金の支払いも未履行だったとします（双方未履行の双務契約）。その後，Aさんに破産手続開始決定が出され，C弁護士が破産管財人になり，この売買契約の履行を選択し，Bさんに代金請求をしますが，反対にBさんはCに対して絵画の引渡しを破産財団に請求できることになります。

⑦ 破産手続の開始により，双務契約につき解約の申入れがあった場合において，その終了に至るまでに生じた請求権（破148条1項8号）

　破産手続開始により解約の申入れがなされ，その契約が終了するまでの間に発生する請求権については，公平の観点から，財団債権とされています。

62　第Ⅰ章　知識編

⑧　**租税債権**（破148条１項３号）

　破産手続開始時に，具体的納期限が到来していないもの，具体的納期限から１年を経過していないものは財団債権とされ，それ以外は破産債権とされます。平成16年の破産法改正以前は，租税債権は全て財団債権とされていましたが（旧破47条２項），

　　ア　破産財団の財産が優先的に租税債権に充てられ，その結果，破産財団が目減りし，破産債権者への配当にまわる財産がなくなり，異時廃止となってしまう事例が多数あったこと

　　イ　租税債権の債権者（国・地方公共団体など）には，税法上，自力で執行することができ，合理的な期間内に自力執行権を行使して取立・回収をすることができたにもかかわらず，それを放置していた租税債権を財団債権として扱うことは，他の債権と比べて公平に反する

との批判から，破産法改正により，具体的納期限から１年以上経過している租税債権で滞納処分を行わなかったことから優先権を失い，優先的破産債権となるとされました（破98条１項）。

　破産手続開始後の原因によって生じた租税債権は，破産財団の管理，換価，及び配当に関する費用の請求権に該当するもの（破産財団に属する不動産の固定資産税，破産財団が売却した物の消費税など）は財団債権とされ（破148条１項２号），それ以外のものは劣後的破産債権とされます（破99条１項１号，97条４号）。

⑨　**労働債権**（破149条１項）

　旧破産法では，破産宣告前の原因によって生じた労働債権のうち，最後の６か月分については，優先的破産債権とされていましたが，破産管財手続が進んで財団不足となって破産廃止（異時廃止）となり労働債権にまったく配当がされない，という事案が数多くありました。しかし，労働債権（給料など）は労働者の生活の基礎となる重要なものであるから，保護の必要性があるとされ，平成16年改正により，破産手続開始前の原因に基づいて生じた労働債権のうち，

　　ア　未払請求権については，破産手続開始前３か月間のものを財団債

権とし（破149条1項），それ以前のものは優先的破産債権（破98条
1項）
イ　退職金債権については，退職前3か月の給料の総額に相当する額
を財団債権（破149条2項）
とするようになりました。

10 自由財産

(1) 自由財産の定義と内容

　自由財産とは，破産者の財産で，破産手続開始後も破産財団に組み込まれず（属せず）破産者の自由になる財産です。個人（自然人）の破産手続開始申立てをして，それが管財事件となった場合，破産手続開始決定が出された時点で破産者が所有している一切の財産は破産財団に帰属することとなり，その管理・処分権は破産管財人に移行し，破産管財人によって換価され，配当されることになります。しかし，破産者が所有する全ての財産を破産財団に帰属させてしまうと，破産者及びその家族の生活や破産者の経済的更生に影響を与えかねません。そこで，個人（自然人）の破産では，破産法上，当然に破産財団に属さない財産（＝本来的自由財産）を定め，以下のものを本来的自由財産としています。

① 99万円以下の金銭（破34条３項１号，民執131条３号，民執令１条）

　　破産法34条３項では，

　　「民事執行法第131条第３号に規定する額に２分の３を乗じた額の金銭」

　　と規定され，民事執行法131条３号は，

　　「標準的な世帯の二月間の必要生計費を勘案して政令で定める額の金銭」

　　となっており，どこにも99万円という金額は規定されていません。この具体的な金額は政令で定められ，この場合の政令は「民事執行法施行令」（民執令）であり，その第１条で，

　　「民事執行法第131条第３号の政令で定める額は66万円とする。」

　　となっており，この66万円に3/2を掛けた額が99万円となります。つまり，破産者及びその家族の３か月間の生活保障のための金銭を本来的自由財産としています。

　　この99万円にあたるのは，原則として破産手続開始決定時における金銭（現金）だけであり，申立直前に預貯金の払い戻しをしたり，生命保険を解約して解約返戻金を現金化しても，この99万円にはあたりません（自由財産拡張申立が必要となります）。ただし，裁判所によっては，普通

預金を現金と同視するなどの個別の運用がなされています。

② **金銭以外に差押えが禁止された財産**（破34条3項2号）

　ア　民事執行法上の差押禁止動産（民執131条）

　　㋐　債務者等の生活に欠くことができない衣服，寝具，家具，台所用品，畳，建具

　　㋑　債務者等の1月間の生活に必要な食料，燃料

　　㋒　農業，漁業従事者の農機具，漁具等

　　㋓　技術者，職人，労務者等の器具等

　　㋔　実印，その他の印で職業又は生活に欠くことができないもの

　イ　民事執行法上の差押禁止債権（民執152条）

　　㋐　給料債権（税金等の法定控除額を除いた手取額の4分の3相当部分，ただし，手取金額が44万円を超える場合は33万円）

　　㋑　扶養請求権（民877条）や生命保険会社との年金契約に基づく継続的給付請求権など，私人から生計を維持するために支給を受ける継続的給付にかかる請求権（税金等の法定控除額を除いた手取額の4分の3相当部分，ただし，手取金額が44万円を超える場合は33万円）

　　㋒　退職金債権（税金等の法定控除額を除いた手取額の4分の3相当部分，ただし，手取金額が44万円を超える場合は33万円）

　ウ　特別法上の差押禁止債権

　　㋐　生活保護受給権（生活保護法58条）

　　㋑　各種年金受給権（国民年金法24条）

　　㋒　小規模企業共済（小規模企業共済法15条）

　　㋓　中小企業退職金共済（中小企業退職金共済法20条）

　　㋔　平成3年3月31日以前に具体化している簡易保険契約の保険金請求権又は還付金請求権（旧簡易生命保険法50条）

(2)　自由財産拡張制度（破34条4項，5項）

　本来的自由財産があるといっても，それだけでは破産者の経済的更生には足りないこともあります。そもそも，本来的自由財産にあたるものが全くないけど，それ以外の財産なら持っているという人もいます。

そこで，本来的自由財産以外の財産を自由財産とできる制度が規定されました。これが「自由財産拡張制度」です。

　この自由財産拡張制度は，当該破産者等の状況，その具体的必要性を考慮して判断されます。例えば，生命保険解約返戻金を考えてみますと，手持ち現金が無くこれ以外に金銭的価値のあるものが無いという場合を除くと，この解約返戻金がなければ最低生活も保障されないということは考えにくいので，自由財産とする必要性は無いと考えられますが，この生命保険を解約せずに掛け続ける方が破産者家族にとっては重要であり，他方，解約返戻金の額が債権者の利益を不当に害しないと認められる時は，解約返戻金請求権を自由財産と認められることもあるでしょう。

　多くの裁判所では，あらかじめ一定の基準を設けて自由財産拡張の可否を判断しており，その基準は各地の事情により異なっています。

　自由財産拡張の手続は，まず，破産者から自由財産拡張の申立てがなされ（破34条4項），管財人の意見聴取が行われ（破34条5項），裁判所が拡張の裁判を行う（破34条4項）という流れになります。ただ，全ての自由財産拡張の申立てに対して，管財人に意見聴取を行い，裁判所が決定を出す，という手順を行っていると事件の進行が停滞し，手続が煩雑になるので，各裁判所で独自の運用がなされています。運用方法の一例は次のとおりです。

　①　破産者からの拡張申立て

　　　まず，破産者から拡張申立てがなされます（破34条4項）。どのような財産が破産者にとって必要かは，裁判所側からは判断できないので，申立てを待って判断することが多いです。申立ての形式については，拡張を希望する財産を財産目録の所定欄にチェックを入れるという方法でなされています。

　②　管財人と申立代理人（破産者代理人）との間の調整

　　　裁判所は，自由財産拡張の裁判をすることになるが，それについては管財人に意見聴取することになります（破34条5項）。この自由財産拡張の制度は，利用頻度が多いので円滑に進めるため，各裁判所での独自の運用があり，管財人は

> ・拡張申立てにかかる財産の時価を適切な方法で評価する。
> ・破産者の生活状況などを調査して，当該財産の拡張の可否を調査する。

という手順を踏みます。その結果，拡張申立てがされた財産と拡張すべきと判断した財産が一致する場合，裁判所の黙示の決定が出されたとして当該財産を破産者に返還することになります。これが一致しない場合は，管財人と申立代理人（破産者代理人）との間で協議を行い，拡張申立ての内容を変更するなどして一致させる，という手続となります。この協議をしても一致しない場合は，管財人は意見書を裁判所に提出し，裁判所が決定を出すことになります。

(3) 自由財産拡張の方法

① 管財事件としての破産申立ての場合

実務上では，破産申立てと同時に申立てることが一般的です。

大阪地方裁判所では，破産申立書の本文に，「別紙財産目録記載の財産のうち自由財産拡張申立欄に印を付した財産について，破産財団に属しない財産とする，との裁判を求める。」と付記事項を設け，個別の財産目録について自由財産の拡張を求める部分にチェックをします。

② 同時廃止手続から管財手続へ移行した場合

管財事件に移行したと決定した後に，裁判所に対して，自由財産拡張申立書，財産目録，管財補充報告書を提出します。

(4) 自由財産拡張制度の運用基準

多くの事件において自由財産拡張申立てがなされることが予想されるので，各裁判所で自由財産拡張制度の運用基準を定めています。具体的には，財産の種類により扱いを定める方式をとることが多いでしょう。例えば，

① 普通預金は現金と同じ扱いをする

② 保険解約返戻金，敷金・保証金返還請求権，退職金債権など，自由財産拡張に適する財産（拡張適格財産）をあらかじめ定めておく

などがあります。申立てをする裁判所でどのような運用をしているかを調べ
ておくとよいでしょう。

11 破産廃止

破産廃止とは，破産手続を開始したが，破産者が持っていた財産が少ない，又は全くないなど，破産財団そのものが乏しく破産手続を進めるにもその費用すら不足し，配当まで至らないという場合に，破産手続を途中で終了することをいいます。

破産廃止には同時廃止，異時廃止，同意廃止があります。

(1) 同時廃止（破216条）

同時廃止とは，破産財団に属する財産が僅少で，破産手続の費用すら足りないと認められるとき，破産手続の開始決定と同時に破産手続を廃止することです。

同時廃止の要件としては次のものがあります。

① **破産財団をもって破産手続の費用を支弁するのに不足すると認められること**（破216条1項）

この破産財団は，破産手続開始時点で把握できる財産だけでなく，否認権の対象となり回収できる財産や，利息制限法に反して不当利得として返還請求できる財産も含まれ，それらを総合して「手続費用を支弁するのに不足するか否か」を判断します。

ここでいう「破産手続の費用」は，主に各種公告・通知費用・破産財団の管理費用・配当手続費用・破産管財人報酬などです。

② **財団不足が破産手続開始決定前に判明したこと**

財団不足であることが，開始決定前に判明した場合のみ，同時廃止決定が行われます。ただし，破産手続の費用を支弁するに足りる金銭の予納があった場合，つまり，手続費用相当額が予納されたら，同時廃止決定は出されません（破216条2項）。

裁判所は，破産手続開始決定と同時に破産手続廃止の決定をして，直ちに，次の事項を公告し，破産者に通知しなければなりません（破216条3項）。

　　ア　破産手続開始の決定の主文

　　イ　破産手続開始の決定の主文及び理由の要旨

この同時廃止の決定に対しては，即時抗告をすることができます。

(2) 異時廃止（破217条）

異時廃止とは，破産手続開始決定の後に，破産財団をもって破産手続の費用を支弁するのに不足すると認めるとき，破産手続を廃止することです。破産手続開始決定後でも，当初，破産財団を増加できる見込みがあったが，それがなくなり，手続費用も弁済できないようになることはあり得るので，そのような場合に破産手続を進めることは，財団債権者への弁済が危うくなり，負担をかけるだけなので，破産手続を終了させることとするものです。

異時廃止の要件としては次のものがあります。

① **破産財団をもって破産手続の費用を支弁するのに不足すると認められること（破217条1項）。**

ここでの「破産財団」の範囲や「破産手続の費用」は同時廃止の場合と同じです。

② **財団不足が破産手続開始決定後に判明したこと**

異時廃止は，破産手続を開始したが，後になって財団不足であることが判明した場合に行われます。これは，当初あると思っていた財産がなかったり，破産者が他者に対する債権を持っていたが回収が不能となったり，給与債権や租税債権などの財団債権が多くあったため，財団不足となったり等のケースが考えられます。

異時廃止の決定は，破産管財人の申立て又は職権で行われ（破217条1項），破産者や利害関係人に申立権はありません。

異時廃止を行う場合には，債権者集会で破産債権者の意見を聴く必要があります（破217条1項）。この債権者集会は「意見聴取集会」とよばれています。破産債権者から意見を聴取するのは，破産債権者の中には廃止をせずに破産手続を進行することを望む者がいるかもしれず，破産債権者に費用を予納して破産手続を続行する機会を与えるためのものです。

手続としては，意見聴取集会等の手続を経た後，裁判所は破産手続廃止の決定をします（破217条1項）。廃止決定は，破産者と破産管財人に

送達されます（破217条4項）。

　異時廃止は確定しなければ効力を生じません（破217条8項）。異時廃止が確定した時点で，破産管財人の任務も終了し，残務として財団債権の弁済を行い（破90条2項），任務終了による計算の報告等を行います（破88条，89条）。ただ，実際には意見聴取集会で出席者から異議が出されることがほとんどないので，意見聴取集会とともに任務終了による計算報告集会も同時に行い，その集会の期日までに財団の換価を終了させて財団債権等の弁済を行い，任務終了による計算報告書を提出し，集会期日に集会終了後直ちに破産廃止決定を行うという方法を採用している裁判所が多いです。この点については，各地の裁判所での各々の運用方法があるので，多少の違いはあるかもしれません。

　異時廃止決定が出されると破産手続は終了するので，破産財団に組み入れられていた財産（属していた財産）の管理処分権は，破産者（正確には「元破産者」）に戻ります。さらに破産者の住居制限や郵便物の転送措置などの各制限が解除されます。

(3)　同意破産手続廃止（同意廃止・破218条）

　同意破産手続廃止とは，債権届出期間内に債権届出をした破産債権者全員の同意を得たとき，又はその同意をしない破産債権者に対して担保を提供したとき，破産者の申立てにより破産手続を廃止することです（破218条）。

　このような制度が認められている趣旨は，そもそも破産手続は，破産債権者に対して配当を目的とするところ，破産手続に参加した全債権者がその破産手続を終了させることに同意しているのであれば，その意思を尊重し，これを無視してまで破産手続をすすめる必要が無いというところにあります。ですから，破産者から同意破産手続廃止の申立てがあった場合，裁判所は，破産手続廃止の決定をしなければなりません（破218条1項）。また，この場合において，確定していない破産債権を有する破産債権者について，裁判所はその同意を得ることを要しないとする決定をすることができます（破218条2項）。

　裁判所は，破産者から同意廃止を求める申立てがあった場合，その旨を公

告しなければならず（破218条3項），この公告の効力が発生した日から2週間以内に，届出破産債権者は裁判所に対し，同意廃止の申立てについての意見を述べることができます（破218条4項）。

　実際に利用されることは，ほとんど無いといえる制度ですが，破産債権者が金融機関の一社だけというような場合，その債権者から同意を得て破産手続を廃止するというような場合があります。

(4)　破産廃止の効果

　破産手続が廃止されると，以下のような効果が生じます。

①　破産者が個人（自然人）の場合

　同時廃止，異時廃止の場合，破産免責の申立てができ，免責が認められれば復権します（破255条1項1号）。同意廃止の場合は，破産廃止確定により当然に復権しますが（破255条1項2号），破産免責の申立てはできません（破248条7項1号）。

②　破産者が法人の場合

　異時廃止の場合，実質的には会社解散となるので，残余財産がなければ法人は消滅し，残余財産があればその清算手続が行われるので，その目的の範囲内で法人が存続することになります。同意廃止の場合は，その申立てをするときには，あらかじめ法人継続の手続をしなければならないので，同意廃止の申立てをした法人は解散前の状態に復帰します（破219条1項）。

③　破産債権者への影響

　破産廃止によって，破産手続は終了するので，債権者の権利行使の制限（破100条1項）は解除され，個別の権利行使が可能となり，破産者が異議を述べなかった破産債権者表が確定判決と同一の効力を有する債務名義となります（破221条1項，2項）。

④　破産管財人の立場

　破産廃止によって，破産手続は終了するので，破産管財人の地位は，将来に向かって消滅します。ただし，破産廃止が確定すると，その残務整理として，財団債権の弁済や供託をする義務は残ります（破90条2項）。

12 破産免責・復権

第Ⅰ章　知識編

(1) 破産免責

　破産免責とは，破産手続による配当によって弁済されなかった債務について，破産手続終了後，その責任を免除することをいいます。これにより，破産者は弁済されなかった債務について，支払義務を免れることになります。

　免責制度の趣旨は，破産者の経済的更生の確保にあります。破産手続が終了しても，弁済されなかった債務は残っており，他方，債権者は，破産手続中は個別に請求するなどの行為は制限されていましたが，破産手続が終了するとその制限がなくなります。そうすると，破産手続で配当されなかった残債務を破産者が破産手続終了後に返済しなければならなくなり，破産者の経済的更生という破産法の目的（破１条）が図れなくなります。そこで，破産者の経済的更生を図るため，免責制度が規定されました。

　この免責制度は，破産者が個人（自然人）の場合に適用されます。破産者が法人の場合は，破産手続開始は解散事由（会社法471条５号など）となり，法人格が消滅するので，債務も消滅するため，免責制度の適用はありません（最判平15．３．14）。

(2) 免責申立ての方法

　破産手続と免責手続は別の手続で，旧破産法では，管財事件では破産宣告後から破産終了までの間が免責申立ての期間で同時廃止では破産廃止決定後１か月内とされていました（旧破366条の２第１項）。現在は，破産法改正に伴い，自己破産申立では，破産手続開始申立と免責許可申立が一体化され，申立人である債務者が，免責の申立てを求めない旨の申述をしない限り，免責許可の申立てがあったものと見なされます（破248条４項）。これは，自己破産申立では，免責を得ることが申立人の意思にも合致するであろうことに基づくものです。しかし，免責を求めないと考える申立人もいるでしょうから（絶対いないとは言い切れませんから），免責を求めない申立人のために，反対の意思表示がある場合はこの限りではない，と規定しています（破248条４項但書）。

　免責申立ての際には，債権者名簿を提出しなければならないのですが（破

248条3項），破産申立てと免責申立てが一体化したので，破産手続開始申立書に添付した債権者一覧表を免責申立てに際して提出すべき債権者名簿とみなされることとなりました（破248条5項）。ただし，破産手続開始後に新たな債権者が判明した場合は，その債権者を加えた債権者一覧表を提出しなければなりません。

(3) 免責許可についての審理

　旧破産法では，免責の審理には破産者を審尋することが必要とされていました（旧破366の4第1項）。しかし，免責申立事件が激増したので，個別に審尋をする時間的・場所的な余裕がなくなり，破産者を多く集めて集団審尋を行うようになりました。現在では，免責許可申立てがあったときは，裁判所は，破産管財人と破産債権者のために意見申述の期間を定めなければならず（破251条1項），裁判所はその期間を決定したときは，これを公告し，破産管財人と破産債権者に通知しなければなりません（破251条2項）。免責許可の審理にあたり，申立人（破産者）は裁判所及び破産管財人から調査を受けることになるので，申立人（破産者）には調査協力義務が課せられるようになりました（破250条2項）。申立人（破産者）がこの義務に反すると，免責不許可となる場合があります（破252条1項8号）。

(4) 免責不許可事由

　裁判所は，破産者が免責不許可事由に該当しないときは，免責許可の決定をします（破252条1項）。

① 債権者を害する目的で，破産財団に属する財産の隠匿，損壊，債権者に不利益な処分その他の破産財団の価値を不当に減少させる行為をしたこと（破252条1項1号）

　破産債権者を害する目的で，破産財団に属する財産，又は属すべき財産の不利益処分をすることです。対象となる財産は，破産管財人が現に管理している財産（現有財団）と破産財団に属すべき財産であるが未だ破産管財人の管理下に置かれていない財産を意味します。具体的な財産の種類としては，不動産，動産，債権，知的財産権など破産財団を構成

するべき財産全てが含まれますが，差押禁止財産などの破産財団を構成
しない財産は含まれません。

「不利益処分」は，隠匿や損壊，財産の廉価売却，債権の権利放棄な
どがこれにあたります。廉価処分等の不利益処分については，資金繰り
の必要に迫られたようなものではなく債権者を害する積極的な目的が必
要です。

② 破産手続の開始を遅延させる目的で，著しく不利益な条件で債務を負
担し，又は信用取引により商品を買い入れてこれを著しく不利益な条件
で処分したこと（破252条1項2号）

自己破産申立てで債務者である申立人が「破産手続の開始を遅延させ
る」というのはありえない（債務者は早く破産手続開始決定が欲しいから）
ので，具体的なイメージが思い浮かばないかもしれませんが，債権者破
産申立てならばわかりやすいでしょう。ある債権者が債務者を破産させ
て財産を処分して配当を得ようと考え，債権者破産申立ての準備をして
いるとします。その対象となる債務者が，

　　　「○○氏（債権者）が俺を破産させようとしている。なんとか妨
　　　害したい。」

と考え，支払不能状態であるにもかかわらず高金利の借入れをしたり，
クレジットカードなどで買い入れた商品を古物商に売却したりする行為
をすることが典型例でしょう。

これらの行為は，破産者の債務を増加させ，債権者が増え，それらの
行為がなされる前の総債権者の利益を著しく損ねることになる（例えば，
配当予定額の減少など）ので，免責不許可事由とされています。

③ 特定の債権者に対して特別の利益を与える目的又は他の債権者を害す
る目的で，担保の供与又は債務の消滅に関する行為であって，債務者の
義務に属せず，又はその方法若しくは時期が債務者の義務に属しないも
のをしたこと（破252条1項3号）

「不当な偏頗行為」とよばれるもので，特定の債権者に対する債務に
ついて，義務なく担保を提供したり，弁済して債務を消滅させたりする
行為は，債権者間の公平を欠き，特定の債権者にだけ利益を与える行為

であるから，破産者の不誠実性をあらわすものとして免責不許可事由と
されています。

④ **浪費又は賭博その他の射幸行為をしたことによって著しく財産を減少**
させ，又は過大な債務を負担したこと（破252条1項4号）

　資産や収入から考えて不釣り合いな消費（＝浪費）をする，賭博その
他の行為をするなどして，過大な債務を負担してから破産開始手続を得
るような債務者は，その不誠実性が顕著といえることから，免責不許可
事由とされています。

　「浪費」とは，「破産者の財産，収入，社会的地位，生活環境と対比し
て，破産者の金銭の支払いや財産の処分行為が，使途，目的，動機，金
額，時期，生活環境，社会的許容性の有無等を総合的に判断して定めら
れる概念」とされており，要するに破産者ごとに個別に認定されるべき
ものとされています。なので，同じように浪費したとしても，Aさんの
場合は浪費にあたるがBさんの場合は浪費にならない，ということもあ
りえます。

　ギャンブルで債務を増加させ，破産に至った債務者が

　「免責許可決定を得られるかどうか」

ということが問題となりますが，根拠となっている規定は，この条文で
す。このギャンブルの場合も，ギャンブルをしたことが免責不許可事由
ということではなく，ギャンブルをして過大な債務を負担したことが免
責不許可事由となるので，破産者の資力，職業，行為の内容などから総
合的に判断されます。

⑤ **破産手続開始の申立てがあった日の1年前の日から破産手続開始の決**
定があった日までの間に，破産手続開始の原因となる事実があることを
知りながら，そのような事実がないと信じさせるため，詐術を用いて信
用取引により財産を取得したこと（破252条1項5号）

　破産者が，自らに破産原因があることを知りながら，詐術を使って信
用取引により財産を取得するのは，刑事上の詐欺罪にも該当し得る行為
であるから債務者の不誠実性が強く表れているので，免責不許可事由と
されています。

この「詐術」とは，相手方に「私は支払不能状態（破産原因がある状態）ではない」ということを信じさせるための欺罔手段です。氏名，職業，収入，借入金の有無などにつき虚偽の説明をするなど，積極的な行為を意味するとされています。

⑥　業務及び財産の状況に関する帳簿，書類その他の物件を隠滅・偽造・変造したこと（破252条1項6号）

帳簿類は，破産者の財産状況の重要な証拠になるので，その隠滅などの行為は破産手続を妨害し，破産財団の管理を困難にし，破産債権者の利益を害することから，免責不許可事由とされています。

この「帳簿」は商業帳簿（会計帳簿，貸借対照表）のほか，仕訳帳，元帳，売掛帳，買掛帳なども含まれます。

行為としては，隠滅，偽造，変造であり，不作成や不記載は含まれません。

⑦　虚偽の債権者名簿を提出したこと（破252条1項7号）

免責許可手続をするうえで，債権者名と債権額を知ることは不可欠であるので，その名簿に虚偽記載があると適正な遂行ができなくなるので，このような行為は免責不許可事由とされています。

⑧　破産手続において裁判所が行う調査に対して，説明を拒んだり，虚偽の説明をしたこと（破252条1項8号）

⑨　不正の手段により，破産管財人，保全管理人，破産管財人代理又は保全管理人代理の職務を妨害したこと（破252条1項9号）

破産手続では，裁判所や破産管財人が，事件遂行のために調査を行うことがありますが，破産手続の当事者である破産者がその説明を拒む，虚偽の説明をする等があれば，適正な事件遂行ができなくなります。そこで，破産者がこのような行為をすることは，不誠実性の表れであり，免責不許可事由とされています。また，破産管財人が適正な業務を行うことで破産手続が進められるのであるから，これを妨害することも免責不許可事由とされています。

⑩　次のⅰ）からⅲ）までに掲げる事由のいずれかがある場合で，それぞれ i ）からⅲ）までに定める日から７年以内に免責許可の申立てがあったこと（破252条１項10号）

ⅰ）　免責許可の決定が確定したこと—当該免責許可の決定の確定の日

ⅱ）　民事再生法239条１項に規定する給与所得者等再生における再生計画が遂行されたこと—当該再生計画認可の決定の確定の日

ⅲ）　民事再生法235条１項に規定する免責の決定が確定したこと—当該免責の決定に係る再生計画認可の決定の確定の日

　一旦免責許可決定を受けた者に対し，短期間のうちに再度免責を許可することは，モラルに反するところから，免責不許可事由とされています。

⑪　破産法第40条１項１号（破産者の説明義務），第41条（破産者の重要財産開示義務）又は第250条２項（破産者の裁判所及び破産管財人に対する免責調査に関する協力義務）に規定する義務その他この法律に定める義務に違反したこと（破252条１項11号）

　破産者が，破産手続や免責手続において定められた義務に違反することは破産者の不誠実性の表れであるから，免責不許可事由とされています。

(5)　裁量免責

　免責不許可事由があっても，それが軽微であり，あるいは破産者の不誠実性を示すものとはいえないとき，裁判所の裁量により免責を許可することができます。これを「裁量免責」といいます（破252条２項）。

　破産者が債務を負った事情，債務の発生原因も多種多様なため，免責不許可事由に当たれば，一律に免責不許可とするのは妥当ではなく，その事情・原因等を考慮したうえで，免責を許可することが妥当であるとして，旧法時から認められていましたが（東京高決昭45．2．27）現行法で明文規定されるようになりました。

　裁量免責にあたって考慮すべきことは，以下のとおりです。

ア　破産者の年齢，職業，収入，家族構成など破産者本人に関する事情

イ　過大債務を負担するに至った経緯，支払不能に至った事情

12 破産免責・復権　83

ウ　破産手続開始の申立てに至った事情

エ　免責不許可事由の種類，内容，程度

オ　免責不許可事由の行われた時期，それを行うに至った事情

カ　破産者の主観的事情（故意，害意など）

キ　破産手続に与えた影響

ク　債権者側の事情（法人か個人か，金額，債権の回収状況など）

ケ　配当の有無，破産者の破産手続への協力状況，破産後の生活状況など

⑹　免責許可決定の効果，非免責債権

　免責許可決定が確定すると，破産者は破産手続による配当と非免責債権を除き，破産債権についての責任を免れます（破253条1項）。免責された債務は，通説では，自然債務となり破産債権者は，破産者からの任意の弁済は受けることができるが，債権者から強制執行の申立てなどの行為はできなくなる，と考えられています。

　免責許可決定の効果は，連帯債務者，保証人，連帯保証人，物上保証人などには及びません（破253条2項）。また，免責許可決定が確定すると，免責にかかる債権の時効は進行しません（最判平11.11.9）。

　免責許可決定が確定しても，破産者がその責任を免れない債権を「非免責債権」といい，破産法上，以下のものがあります（破253条1項）。

①　租税債権（破253条1項1号）

　　ここでいう租税債権は，破産法148条1項3号の財団債権に該当しないものをいいます。財団債権となる租税債権は，そもそも免責されませんし，租税は，破産者が国民として納税の義務を負っているものですから，破産手続終了後も破産者本人に責任があるとされています。

②　破産者が悪意で加えた不法行為に基づく損害賠償請求権（破253条1項2号）

　　この趣旨は，加害者に対する制裁にあるので，ここでいう「悪意」は故意を超える積極的な害意と解されています。

③ 破産者が故意・重過失によって加えた人の生命又は身体を害する不法行為に基づく損害賠償請求権（破253条1項3号）

　故意・重過失による不法行為のうち，人の生命・身体に重大な侵害を与えた場合に，その責任を免れることは，被害者保護に欠けるので，非免責債権とされています。

④ 破産者が養育者又は扶養義務者として負担する義務にかかる請求権（破253条1項4号）

　破産したとしても，養育費などの義務を免責してしまうことは，それを受ける側に酷な結果となるので，非免責債権とされています。

⑤ 雇用関係に基づいて生じた使用人の請求権及び使用人の預かり金の返還請求権（破253条1項5号）

　労働債権は，労働者保護という政策的理由から，非免責債権とされています。

⑥ 破産者が知りながら債権者名簿に記載しなかった請求権（破253条1項6号）

　破産者自身が債権者が誰であるかを申告しないと，裁判所としてはわからないので，破産者が，知りながら敢えて債権者名簿（債権者一覧表）に記載しなかった債権者がいたら，その債権者から免責手続への意見を申述する機会を奪ってしまうことになります。そのような債権者の債権について免責するのは適当ではないので，非免責債権とされています。

⑦ 罰金等の請求権（破253条1項7号）

　これらの責任を免れるとすると，罰金等を規定した法律等の趣旨を没することになってしまうので，非免責債権とされています。

⑺　免責の取消（破254条1項）

　免責許可決定が確定した後であっても，免責許可決定前に存在した免責不許可事由に該当する重大な事実が明らかになった場合，裁判所は免責の取消決定をすることができます。

　取消事由は，

① 詐欺破産罪（破265条）の有罪確定

② 破産者の不正な方法によって免責許可決定が出された場合
に破産債権者が当該免責許可決定後1年以内に免責取消の申立てをすること
です。

免責が取り消されると，免責許可決定は効力を失います（破254条5項）。

(8) 復　権

破産者の受けている公私の権利・資格についての制限を消滅させ，その法
的地位を回復させることを「復権」といいます（破255条）。復権には，「当
然復権」と「申立てによる復権」があります。

① 当然復権（破255条1項各号）

これらの事項は，その存否の判断が容易であるため，裁判などをせず
に，法律上当然に復権するとしています。

ア 免責許可の決定が確定したとき（破255条1項1号）

イ 同意廃止決定が確定したとき（破255条1項2号）

ウ 再生計画認可の決定が確定したとき（破255条1項3号）

エ 破産者が破産手続開始決定後，詐欺破産罪について有罪の確定判
決を受けることなく10年が経過したとき（破255条1項4号）

② 申立てによる復権（破256条）

破産者が弁済その他の方法により破産債権者に対する債務の全部につ
いて，その責任を免れたときは，破産者の申立てにより，破産裁判所は
復権の決定をしなければなりません（破256条1項）。

申立てによる復権の場合は，一定の手続が規定されています。まず，
裁判所は，復権の申立てがあると，その旨を公告しなければならず（破
256条2項），破産債権者は，その公告の日から3ヶ月以内に復権の申立
てに対して意見を述べることができます（破256条3項）。そして，裁判
所は，復権の申立てについて裁判をしたとき，その裁判書を破産者に，
その主文を記載した書面を破産債権者にそれぞれ送達しなければなりま
せん（破256条4項）。

第II章　実践編　1

破産同時廃止事件の申立て

Case 1 そらくん，破産事件を任される

破産の同時廃止事件とは，破産手続開始申立をしたけれど，申立人（債務者）には財産がほとんど無く，破産財団ができても債権者への配当どころか破産手続を進めていくための費用すら出せない状態のとき，破産財団を形成することもせず，破産手続開始決定と同時に破産手続を終了してしまう，というものです（破216条1項）。

破産事件の多くがこの「同時廃止」であり，その申立てまでの作業がある程度定型的に進めることができるので，まだ仕事を始めて日が浅い新人が担当して勉強する，という法律事務所が多いと思いますが，この「同時廃止」事件というものは，破産制度の本筋からすると例外的な手続ですので，その点をきちんと意識しておくようにします（なんでもかんでも『破産』＝『同時廃止』ではない，ということです）。それを踏まえたうえで，破産同時廃止事件の準備の手順をみていきます。

まず，同時破産廃止申立に限らず，破産手続開始申立は，書面で行うと規定されています（破20条1項，破規1条1項）。

1　申立書

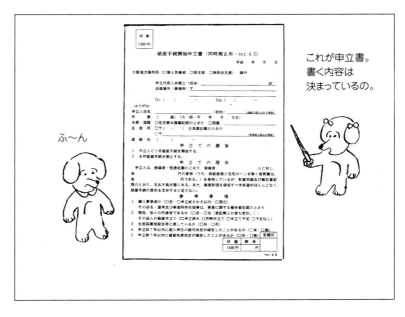

まず必要なものは「申立書」です。「申立書」は，破産手続申立で必要とされる書面の一つです。

記載すべき内容も決められており（破規2条1項，2項），申立人を特定する事項と裁判所に判断を求める内容を「申立ての趣旨」として，破産原因の有無などについては「申立ての理由」として記載します。多くの地方裁判所では，審査をスムーズに行うために，あらかじめ必要な事項を記載する箇所を設けている「定型書式」が用いられています。

申立人を特定する事項としては，

① 氏名（旧姓で借入れがある場合は旧姓も必要）
② 生年月日・年齢
③ 住所（住民登録上の住所と異なる場所に住んでいる場合はその居所も必要）
④ 連絡先（固定電話・携帯電話）

です。

「申立ての趣旨」は，裁判所に判断を求める事項として，

① 申立人につき破産手続を開始する。
② 本件破産手続を廃止する。

と定型的文言を記載します。

「申立ての理由」は，申立ての原因となる事項を記載します。自然人（個人）の破産手続開始申立（同時廃止）では，

① 破産原因（支払不能）があること。
② 破産財団を形成すべき財産がほとんどなく，手続費用にも足りない。

となる事実を具体的に記載します。破産原因である支払不能については，現在の債務額を明確にして，それと比べて財産がないことを記載します。

各裁判所が用意している定型書式によっては，この他に参考事項を記載することもあります（巻末資料参照）。

2　債権者一覧表

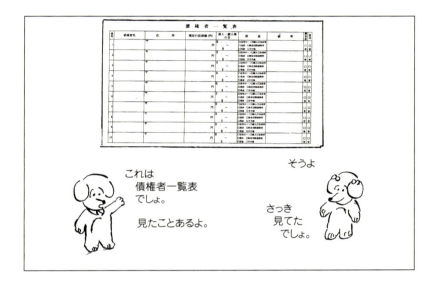

　「債権者一覧表」は，破産債権者の氏名，住所，債権額を記載したもので，添付書類の一つとされています（破20条2項，破規14条1項1号）。

　申立人（債務者）に対する債権の存在は，破産手続申立てでは必要不可欠なもので，また破産手続申立てをするには，破産原因が存在しなければなりません。そこで自然人（個人）の破産原因としての「支払不能」であるかどうかを判断する材料として，債務の内容を「債権者一覧表」としてまとめる必要があり，それに基づき申立書に債務額等を記載します。つまり，「債権者一覧表」は，申立人の債務についての必要事項が整理された型式でまとめられたものです（巻末資料参照）。

　記載内容は，

　　① 　債権者名
　　② 　債権者住所・所在地
　　③ 　現在の債務額

④　借入れ・購入等の日
⑤　使途
⑥　その債務に関する特記事項

を記載します。

　「債権者名」と「住所・所在地」は，自然人（個人）ならば氏名と住所，法人ならば会社・団体名を記載し，本店所在地又は担当している部所（債権管理部など）の所在地を記載します。

　「現在の債務額」は，債権者に対する債権調査の結果判明した金額を記載します。債権調査の回答が得られなかった場合，督促状や請求書などの資料からわかる範囲で記載します。

　「借入・購入の時期」は，お金を借り始めた時期，最初にクレジットで物品を購入した時期を記載します。

　「使途」は，借入金の使い道を記載します。生活費・住宅ローン・遊興費・借入金返済など，できるだけ具体的に記載します。

　その他，その債務について何か事情がある場合は「備考欄」に記載します。さらに，裁判所が用意している定型用紙では，債権調査票の有無や，債権者からの破産手続開始申立に対する意見の有無を記載する場合もあります。

3 財産目録

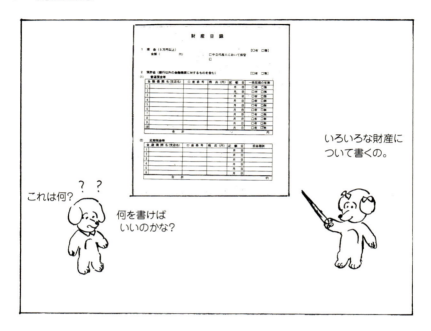

　申立人が所有している財産を一覧表形式で記載したものが「財産目録」です。破産手続申立てでは，申立人の財産がどのくらいあり，それが債務総額と比べて僅少であること，つまり，破産原因の存否を明確にする必要があるので，その資料の一つとして提出します（巻末資料参照）。

　記載すべき財産の種類は

　① 現　　金
　② 預貯金
　③ 保　　険
　④ 不動産
　⑤ 自動車
　⑥ 貸付金・賃借保証金

等です。

裁判所が用意している定型用紙によっては，さらに具体的に細かく記載するようになっているものもあります。債権者一覧表がマイナスの財産（負債）を記載するものであるのに対し，財産目録はプラスの財産を記載するものといえるでしょう。

4　報告書

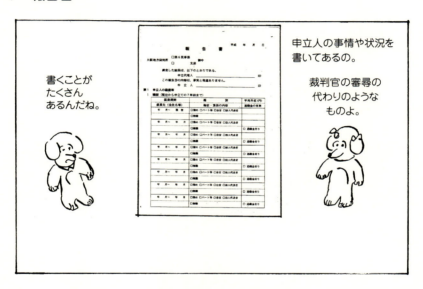

申立人の状況や，破産申立てに至った事情等を記載した書面が「報告書」です。自然人（個人）破産の同時廃止事件で書面による審査がされる場合には，裁判官が申立人に対して行う質問に代わるものと考えてよいでしょう。

記載事項は

① 申立人の職歴，婚姻・離婚歴，家族関係，居住する家屋の形態，家計の状況
② 破産申立てに至った事情
③ 免責不許可事由に関する事項

等です（巻末資料参照）。

5 その他の書類

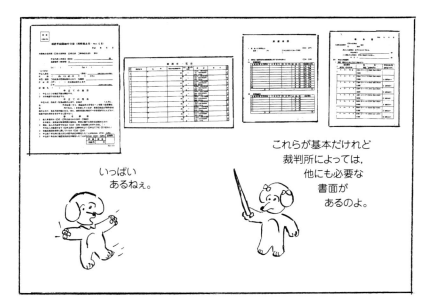

　申立てに必要な書類として主だったものはこの4種ですが，申立てをする地方裁判所によって，その他の書面が必要になることがあります。
　各地方裁判所によって必要となるものが異なることが多いので，申立てをする前に確認しておく必要があります。

第Ⅱ章　実践編 1

Case 2　そらくん，打合せの準備をする

1 打合せ前の予備知識

　打合せに同席する前に，打合せ内容の聴き取りがスムーズにできるように，弁護士と依頼者がどのような話をするのかを予備知識として頭に入れておくようにします。

　打合せの目的は，破産手続開始の申立てをすることですから，聴取事項としては，次の事項が主だったものでしょう。そこでこれらについて考えていきます。

---

① 　依頼者（申立人）の住所・氏名・職業
② 　債務の内容（債権者の住所・氏名・債務額など）
③ 　所有財産の内容（財産目録の作成）
④ 　申立人（債務者）の職歴・経歴・収入，家族関係，破産に至った事情など（報告書の作成）

---

(1) 依頼者（申立人）の住所・氏名・職業

　申立てにあたっては，「申立人はだれか」を示す，つまり当事者を特定しなければなりません。当たり前のことですが，「人違い」の申立てをしてはいけない，ということです。

　依頼者の特定のため最低限必要な事項としては，「氏名」，「生年月日」「住所」があります。これらのうち，いくつかは「住民票の写し」に記載されているので，依頼者本人から「住民票の写し」を提出してもらい，そこに記載されていない事項（旧姓や連絡先など）を確認すればよいでしょう。

　その他に，依頼者と連絡をとるために方法（固定電話・携帯電話・メールアドレスなど）を聞き取っておくようにします。自宅の固定電話がいいのか携帯電話がいいのかメールがいいのか，メールはパソコン，携帯電話，スマートホンのどれがいいかなどを聞いておきます。特に破産事件の依頼者は，債権者からの電話に出たくないと思う人が多いのでしょう，電話をかけても出ないことが多々あります。そこで，あらかじめこちらの電話番号を登録して

おいてもらうようにするのがよいでしょう。

(2) 債務の内容（債権者の住所・氏名・債務額など）

　依頼者がどのくらいの債務を負担しているかを特定する必要があり，そのために債務の内容を把握する必要があります。依頼者自身が詳しく覚えていることもありますが，多くの場合，どこにどのくらいの借金をしているなど明確に覚えている人は少ないです。ですから依頼者が持っている督促状や請求書，契約書，カードの利用明細書から債務の内容を調べ，さらに債権者に対し債権調査を行い，その結果を債権者一覧表に記載します。

(3) 所有財産の内容（財産目録の作成）

　「支払不能」の判断要素の一つとして，申立人（債務者）の財産がどのくらいあるかを「財産目録」としてまとめ，申立書類の一つとします。申立人（債務者）が負担している債務額に比して，所有している財産が僅かであれば，「支払不能」と判断する要素の１つとなり得るからです。「財産目録」を作成するために，依頼者が持っている預貯金，不動産，保険，自動車などの財産について聴き取りをして，これらを個別に記載します。このときに依頼者（債務者）が資料を持参しているのであれば，そのコピーをとるようにします。

(4) 申立人（債務者）の職歴・経歴・収入など（報告書の作成）

　「支払不能」といえるためには，もう一つ，申立人（債務者）の現在の収入及び支出の状況も必要となります。つまり，

　　　「いまの仕事での給料（収入）が，○○円くらいで，生活費などの支
　　　出が△△円くらいで，返済に充てられるのが□□円なので，月々の返済
　　　額が足りないんです。」

という事情が必要になります。このような申立人（債務者）の生活状況等を「報告書」として提出します。「報告書」の記載事項としては，依頼者の家族構成，現在の職業，職歴，婚姻歴，破産に至った事情などがあるので，これらを依頼者から聴取します。

　以上を弁護士が依頼者から聴取することになるのですが，これらのことを

理路整然と順序立てて話すことができる人は，おそらく少ない（というより皆無）でしょう。誰もが思いつくままに話し，その内容もあっちへ飛び，こっちに戻り，さらに突然何の関係もないこと（仕事の相手，家族への不満，さらには政治や世の中への不満）を熱く語り出したり，話を聞くだけなのに大変な作業になります。そういった中から必要事項を聴き取り，まとめるのが事務職員の仕事となります。例えれば，会議の議事録をとるように依頼者が話す内容の中から，必要事項を記録していくのです。

　また，ここでは，自己破産（同時廃止）申立てをするという前提ですが，実際には弁護士は，依頼者から事情を聴き取りながら，

　「この人には，どの手続を選択するのが一番よいか」

を考えるので，事情を聴き取った結果，任意の債務整理や個人再生手続申立に変更するかもしれません。いずれの手段を選択するにしても，依頼者（債務者）の住所・氏名・職業などや債務の状況などは必要な情報となるので，打合せ前の予備知識として，それらの情報を聴き取るということを頭に入れておくようにします。

2　打合せ準備

　依頼者ごとに，事情や生活状況等は異なるので，個別事情は，それぞれの依頼者について記録しなければなりませんが，依頼者がどのような人であっても，共通して聴き取る必要がある事項を

　①　あらかじめ書き出しておき

　②　それらの聞き漏らしを防ぐために，「依頼者カード」「債権債務・生活状況の聞き取りカード」を作り，

打ち合わせの準備をするのも一つの方法です。

　注意すべきは，ここに書き出した事項は一部であって，全てではないので，これ以外の事項にも注意しなければならないということです。そのために記録用のノートを別に用意しておく方がよいでしょう。

　破産手続申立て，特に同時廃止事件では，書面審査を行う裁判所が多いので，書面の内容として要求される事項も多くなります。そこで，そらくんのように「リスト化」して，弁護士と依頼者との話を聞きながら，リストにあ

る必要事項を拾うようにします。そうすると話の流れもわかるし，聞き漏らしも防ぐことができます。また，これらの事項を頭に入れておくと，弁護士と依頼者が何を話しているのか，つまり打合せの内容が理解できるようになります。

【そらくんのメモ1】

1）申立人の名前，住所，職業
2）債権者の氏名，住所
3）債務額，借入日，使途，保証の有無
4）公租公課の滞納
5）現金の有無
6）預貯金の有無，財形・積立預金の有無
7）保険の有無
8）保証金，敷金の有無
9）退職金の有無
10）不動産の有無
11）自動車の所有
12）その他の財産
13）過去2年以内の財産の処分（廉価処分）
14）一部の債権者への弁済の有無
15）依頼者の経歴・破産に至った事情
16）浪費の有無
17）家計の収支状況

```
                            依頼者カード

  ふりがな
  お名前


  ご住所  〒


  生年月日・年齢（大・昭・平）　　年　　　月　　　日生　　　　歳


  連絡先　電　話：自　宅　　　（　　　）
  　　　　　　　携　帯　　　　（　　　）
  メールアドレス：ＰＣ　　　　　　　＠
  　　　　　　　：携帯　　　　　　　＠


  ご職業：　会社員・公務員・自営業・無職・学生・その他
  お勤め先社名・学校名：
  住　　所：
  電話番号：
```

```
                    債権債務・生活状況の聴き取りカード

  依頼者氏名

  記録するポイント
  【債権者関係】
  ①　主だった債権者名（覚えている限り）
  ②　どのくらいの債務額か（　　〃　　）
  【原因・返済関係】
  ①　借金を始めた原因は何か（他人の保証，生活費不足，浪費など）
  ②　借金が膨らんだ原因は何か（会社の倒産，減給，仕事への持ち出しなど）
  ③　返すのが困難になったのはいつ頃か
  【生活関係】
  ①　依頼者の職業・収入（過去の職業含む），財産（預貯金，保険，不動産等）
  ②　家族構成，家族の仕事・収入
  ③　借金が膨らんだ原因は何か（会社の倒産，減給，仕事への持ち出しなど）


  （記録欄）
```

1 依頼者の特定

　まずは，依頼者が誰かを確認します。「何をバカなことを……」と思うかもしれませんが，破産申立ての依頼に来る人の中には，法律事務所へ一人で来るのが心細いのでしょうか，依頼者本人の他に，その人の配偶者か子どもが一緒についてくることがあり，時には全く関係のない知人・友人がついてくることもあります（「俺に任せろ！」「俺は詳しいからついていってやるよ」などと言っているのかもしれません）。

　弁護士の方針にもよりますが，依頼者本人以外は打合せに同席させないということもありますし，親族，特に配偶者や子どもの方が当の本人よりも破産に至った事情に詳しいこともあり得ますので同席してもらうということもあるでしょう。いずれにしてもこれは弁護士の判断になります。他の人が同席しない場合は依頼者しかいないのですから問題はないのですが，同席者がいる場合，だれが依頼者で同席者は誰でどういう理由で同席しているのかを記録するようにしておくようにします。

【そらくんのメモ２】

平成○年○月○日　午前○時

依頼者氏名　　　○○○○

同席者氏名　　　なし。
　　　　　　　　□□○○さん（お友達）が一緒にきたけれど，
　　　　　　　　外で待ってもらう。

（記　　録）

---

2 依頼者の本人確認

　破産事件では，その依頼内容により依頼者の銀行口座を管理したり現金を

預かる場合があります。弁護士が「法律事務に関連して，依頼者の口座を管理したり，依頼者か送金を受けたり，現金，有価証券，その他合計金額が200万円以上のものを預かったり，そのような資産を管理する場合」には，日本弁護士連合会の規定により「依頼者の本人特定事項の確認」を行うことが義務づけられています。本人確認の方法は，自然人（個人）では，氏名，住所，生年月日を

① 印鑑登録証明書
② 国民健康保険等の被保険者証
③ 国民年金手帳（厚生年金保険を含みます）
④ 官公庁から発行されたもので，写真を貼り付けたもの

などの書類を依頼者から提示してもらい，コピーをとらせて頂く，番号を控える等の方法で確認することが多いでしょう。

3　依頼者の氏名・住所・生年月日・年齢の確認

(1)　依頼者の名前・読み方，婚姻や養子縁組などによる姓名の変更の有無 ──

依頼者の名前を聞くなんて，当たり前のように思うでしょうが，意外と盲点になっていて，人の名前は，使われている漢字やその読み方が特徴的なことがあるので，依頼者に確認するのがよいでしょう。例えば，「たかはし」さんという方がいたとします。多くは「高橋」という漢字を想像するでしょうが，「髙橋」という漢字を使う人もいます（「高」は「クチダカ」，「髙」は「ハシゴダカ」などとよばれています）。他には，濁点ですが，「中島」さんは「ナカジマ」さんもいれば「ナカシマ」さんもいます。

依頼者の名前が珍しい読み方や漢字を使用しているのであれば気がついたり注意したりするものですが，普通に読める漢字が，実は違った読み方をするときは気がつかないこともあります。しかし，人の名前ですから間違えてはいけませんので，正確に本人から聴き取っておくようにします。

さらに，過去の姓名（旧姓）の頃，又は前住所に居住している頃に借入れをしたことあるか無いかを確認したうえで，借入れをしたことがあるならば，その借入をした時の姓名と住所も確認します。これは後で説明しますが，債

権者に対し債権調査をするときに，債権者側が過去の住所，旧姓で債権管理をしている場合に必要になりますし，旧姓で借入れをしたことがあるときは，その旧姓を申立書に記載するためです（多くの地方裁判所で利用されている定型書式には，旧姓で借入れをしたときの記載欄があります）。なお，旧姓は女性にしかないと思いがちですが，男性でもあり得ますし，養子縁組をしている場合は，男性でも女性でも旧姓があります。また，それほど多くはありませんが，姓名の「名」を変えている人もいます。ただ，過去にその名前（旧名）で借入れをしたことがない，借入れしたがその分は既に返済済みである，という場合は必要ありません。

⑵　現在の住所・居所，住民登録の有無，本籍地・国籍

　一般には，だれしも「住所」があり，その「住所地」に住民登録して住んでいるものですが，そうでない人もいるのです。

　破産事件の依頼者の中には，住民登録をしている住所に住んでいる人もいれば，全く別のところに住んでいる人もいます。そうなった理由はいろいろありますが，それはさておき，申立書には，申立人の住所を記載しなければなりません（破20条1項，破規13条1項1号）。ここでいう「住所」とは，生活の本拠としている場所を意味するので，そこが必ずしも「住民登録上の住所」と一致するとは限りません。なので，申立人の住所としては，申立人が「現在住んでいる住所」を記載します。それが「住民登録上の住所」と一致している場合は，そのままでよいのですが，一致していない場合は，「住民登録上の住所」を併記します。これらの作業について，地方裁判所が用意している定型書式では，住所の記載方法として「住民登録上の住所」と「実際に住んでいる住所」が一致している場合には

　　「□〒（○○○-○○○○）住民票記載のとおり」

となっている「□」にチェックマーク（☑）を入れればよいようになっており，「実際に住んでいる住所」が「住民登録上の住所」と異なる場合は，

　　「□〒（○○○-○○○○）××県△△市……（住民票と異なる場合）」

となっている部分にチェックマーク（☑）を入れ，その住所を記載するようになっています。

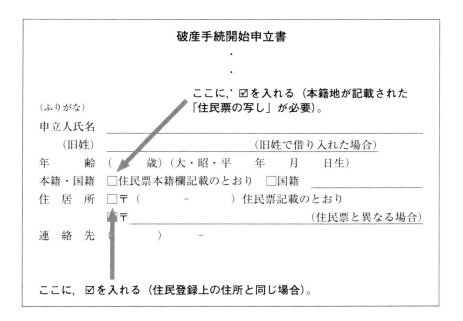

　次に，本籍地ですが，自分の本籍地がどこかをスラスラといえる人は少ないと思います。だから，依頼者（債務者）本人に聞いても「えっと……」となることが多いでしょうから，記載の省略のない「住民票の写し」で確認するのが確実です。以前は運転免許証に本籍地の記載がありましたが，現在の運転免許証では本籍欄は空欄で専用の読取機で確認するようになっていますから，新しい運転免許証は読取機がないと本籍地の確認はできません。

　他に，依頼者（債務者）が外国籍の人であれば，国籍はどこの国にあるかを確認しておきます。

　ただ，この本籍地や国籍の記載は，破産手続開始申立書の必要的記載事項とはされていないのですが（破規13条1項），「住民票の写し」で念のため確認しておく方がよいです。裁判所によっては，その定型書式で本籍地記載欄があり，

「本籍地：住民票の記載のとおり」

と書かれてあり，「□」にチェックマーク（☑）を入れるようになっているので，申立時に提出する「住民票の写し」には本籍地が記載されたものが必

要となります。

(3) 生年月日・年齢

　裁判手続に限らず，他の手続でもそうですが，生年月日や年齢は本人確認の方法として使われます。

　生年月日や年齢は，「住民票の写し」や「運転免許証」などで確認するのが一般的でしょう。

　滅多にないケースですが，実際の生年月日と異なる生年月日を使っているという人がいます。年齢を偽るのではなく，都合上，そのようにしている場合で，例えば，実際の生年月日は，「○○年2月29日」なのですが，「2月29日」は閏年で4年に1度しかありませんから，普段は「2月28日」又は「3月1日」を生年月日としているという場合です。このケースでは，戸籍上の生年月日を「2月29日」としているならば，申立書に記載するのは「2月29日」となります。

(4) 連絡先電話番号・メールアドレスなど

　依頼者の連絡先ですが，固定電話の電話番号，FAXがあるならばFAX番号，携帯電話にメールアドレスなど，できるだけ多くの連絡方法を聞いておく方がおいでしょう。そして，今後連絡する場合は，どの方法で連絡すればよいかを確認しておきます。なぜなら，依頼者によっては，家に直接電話されることを嫌がったり，外出が多いので携帯電話への連絡を希望したり，メールでの連絡を希望する人がいるからです。特に破産事件の場合は，他の人に知られたくないと思う人も多いので，その点も考えながら，連絡手段を決めておきます。

　以上の内容を聴取するにあたり，アクア先生は，まず，そらくんの作った「依頼者カード」に本人に記入してもらいました。

Case 3　そらくん，依頼者との打合せに同席する（依頼者の本人確認）　113

依頼者カード

_{ふりがな}
お　名前　　**尾　仁　良**
　　　　　　_お　_{ひと}　_{よし}

ご住所　　　〒5×3－0001
　　　　　　大阪市北東区古地等野町123番

生年月日・年齢（大・㊊・平）**43**年　**11**月　**30**日生　**49**歳

連絡先　電　話：自　宅　**なし**（　　　　　）
　　　　　　　　　携　帯　**090**（**13＊＊**）**9＊5＊**
メールアドレス：ＰＣ　**なし**
　　　　　　　：携帯　**ohito@exdocobank.jp**

ご職業：　会社員・公務員・自営業・無職・学生・その他
（お勤め先社名）学校名：**ワンワン物産㈱営業部**
　住　所：**大阪市中央野方区蟹橋321番地**
　電話番号：**06－69＊8－＊＊14**

　この依頼者（尾仁さん）は，連絡先としての電話は携帯電話しかないので，携帯の電話番号とメールアドレスしか書いていませんが，固定電話と携帯電話，メールアドレスもパソコンと携帯電話（スマートフォン）と複数ある場合は，どこに連絡をしてほしいかを確認しておきます。

Case 4 そらくん，依頼者との打合せに同席する（破産原因と債務状況の確認）

Case 4 そらくん，依頼者との打合せに同席する（破産原因と債務状況の確認） 115

Case 4 そらくん，依頼者との打合せに同席する（破産原因と債務状況の確認）　117

1 破産原因の確認

破産手続申立てをするには，申立人（債務者）に破産原因がなければなりません。自然人（個人）の場合は，その人が「支払不能」といえるかがポイントとなり，その点について弁護士は本人から聴き取ります。

「支払不能」とは，債務者が「弁済期にある債務につき，一般的・継続的に弁済することができない状態」をいい（破2条11項），返済期日を過ぎているのに全体の債務を継続して返済することができない状態ということです。だから，

「住宅ローン，銀行のローンは払えるけど，カード会社には払えない」というのは，「一般的に弁済できない」とはいえませんし，

「今月は払えるけど，来月は払えない。でも再来月になったら払える」というのは「継続的に支払っていくことができない」ということです。

弁護士は，現在の財産状態のみだけではなく，将来の収入見込みも考え，その上で弁済期にある債務（返済期限が既に到来している借金）の弁済（返済）が可能かどうかを判断します。それを踏まえて，弁護士と依頼者の話の内容を記録するようにします。

2 債務総額・債権者数の把握

破産原因を確認するために，債務の総額と債権者数を聴き取ることになりますが，最初の段階で，債務総額（借金の総額）が正確に算出するのは困難でしょう。なぜなら，破産申立てをしようとする人の多くは，複数の債務を負担しており（多重債務者であり）全てを正確に把握している人は少ないからです。だれでも自分の資産がどのくらいで，ローンの残高がいくらかなんて常に正確に記憶している人なんて少ないでしょう（全くいないとはいえませんが……）。また，借入金の額は，日々，利息・損害金が付加され，常に変動しているので，最終的には，依頼者（債務者）が持っている資料（契約書や督促状など）や債権者への照会によって，金額を明確にすることになるので，この段階では，だいたい債権者が何名（何社）で，債務総額がおよそいくらくらい，月々の返済額が約どのくらいか，がわかればよいでしょう。

アクア先生は，依頼者から契約書や督促状などの「債務に関する資料」を預かり，そらくんに渡しました。この尾仁さんは紙袋いっぱいになるほど持っていましたが，依頼者の中には債権者からの督促状などは棄ててしまって何もない，という人もいます。だからこの段階では，とにかく依頼者が持っているものを預かります。依頼者からすると，

「どれが資料になるのかわからない」

という人もいますが，とりあえず，どんなものでも（紙切れでも）いいので，持ってきてもらうようにします。

3　月の返済額と収入の確認—返済原資（収入）の確認

ここでは，依頼者の返済に充てられる資産（返済原資）について確認します。返済原資として考えられるのは，サラリーマンのような給与所得者なら，毎月の給料，自営業者なら毎月の売上から経費を引いた利益が収入となり，それらから毎月の生活費などの必要費を控除（差し引いた）金額が返済に充てられると考えられます。

月々の生活費がどのくらいかかるかを正確に把握している人は少ないでしょうから，詳細は後にして，この段階では，住居費（家賃，住宅ローン返済額）と食費・光熱費，その他の雑費として月々のどのくらいを使っているかを考えてもらい，そこから大まかな返済原資の額を算出します。

4　支払不能であるか否かの判断

最終的に支払不能といえるかは，弁護士の判断となります。そのための資料となるように依頼者からの聴き取り事項をまとめておきます。客観的に収入と返済額を考慮して判断しますので，申立人が「これからがんばって働いて返していきます！」と意気込んでいても，それは本人の主観的なことなので判断材料にはなりません。そもそも意気込みだけで返済できるなら，破産申立てなんてしないでしょう。

同時廃止事件の場合，申立人となる人は，サラリーマン，自営業者，専業主婦，年金受給者，リストラにより無職になった人など，いろいろあるでしょう。ここでは，一例として，サラリーマンのような給与所得者の場合を

考えてみます。

　通常，給与所得者の収入源は，定期的に入る給料であり，その他に大きな収入源が無く，また，大きな蓄えがある（預金額が大きい），親族・友人から援助を受けることができる等の事情も無いでしょうから，給与所得（毎月の給料と賞与）以外に返済に充てられるお金（返済原資）は無いと考えられます。そうなると，

　　①　月々の収入源（給与額）から最低限の生活費（住居費，食費，光熱費など）を控除して，返済に充てられる額を算出。

　　②　債務総額と月々の返済額を確定。

　　③　①と②を比較して，②が①を上回っている。

　　④　さらに，毎月の返済資金が不足し，新たな借入れをしている。

というような状況であれば，支払不能と考えられるでしょう。返済原資は，現在の収入のみならず，所有している資産，近い将来の収入も考慮し，今後も継続的に返済を続けていけるか，という視点で考えればわかりやすくなると思います。

　では，実際に，アクア先生と尾仁さんの会話から必要事項をさがしてみましょう。

＊＊＊

アクア（ア）「現在，債権者は何名くらいで，借入金の額は全部でいくらくらいですか？」

尾仁（尾）「えっと，全部で10社くらいですかねぇ。700万くらいになるんじゃないかなぁ。」

ア「その10社は全部金融業者ですか？」

尾「債権者ですから，全部そうですよ。」

ア「会社や友人，親族からお金を借りていませんか？」

尾「借りていますけど，関係あるのですか？」

ア「債権者とは，銀行やカード会社，金融業者だけではなく，たとえ親族であってもお金を借りているのであれば，債権者に含まれるのですよ。」

尾「友人には20万円ほど借りていて……すぐに返そうと思っているのですが，それでも債権者になるのですか？」

ア 「もちろん，債権者になります。すぐに返すって，返すあてがあるのですか？」

尾 「いえ，ないんですけど……，友人には返さないといけないなぁ，と思って……。」

ア 「それは別問題で，借りているのであるから債権者になりますよ。」

尾 「そうですか……。じゃあ，父親からも借りているんですけど……。」

ア 「じゃあ，お父さんも債権者になりますねぇ。」

尾 「借りたというか……，借りたつもりだったんですけど，父親からは，『あの金はお前にやったんだから，返すなんてしなくていい。』って言われているんです。」

ア 「借りたんじゃないんですか？」

尾 「借りたというか，もらったというか……。返さなくていいって言われたんですけど……。」

ア 「お父さんからそのお金を受け取ったのは，いつごろですか？」

尾 「先月です。生活費に使えって言われて……。」

そら（そ） 「貸すとか，返すとかの話はしていないのですか？」

尾 「はい，何も……。返した方がいいのかなぁって，思っているんですけど……。」

ア 「う～ん，お父さんは，あげた，つまり『贈与』のつもりのようですねぇ。その場合は，借金にはならないので，債権者に含まれませんね。他に，住宅ローンとか，大きな電化製品，車などをローンで買っていませんか？」

尾 「ありません。欲しいものはあるけど……買えません。」

ア 「では次に，会社からの借入れについてお聞きします。退職金の前借りとか，職種によっては『共済組合』からの貸付の制度など，いろいろありますが，会社関係からお金を借りていますか？」

尾 「いえ，ありません。会社には何も話をしていないので。」

ア 「そうですか，わかりました。では，返済についてお聞きします。月々の返済は，いくらくらいになりますか。」

尾 「月20万円くらいです。」

ア 「1ヶ月の収入はどのくらいですか？」

尾　「手取りで27万円くらいです。」

ア　「それ以外に，おおきなお金が入ってくるようなことはありませんか？」

尾　「ありません。」

ア　「じゃあ，給料以外に収入はないんですね。」

尾　「はい。」

そ　「じゃあ，月7万円で生活を？」

尾　「はい，でも，足りなくなってまた借りてしまうんです。」

＊　＊　＊

　まず，尾仁さんは金融業者10社から約700万円の借金があることがわかりました。

　次にアクア先生は，

「会社や友人から借りていませんか？」

とたずねました。依頼者の中には

「債権者とは，銀行やカード会社，金融会社だけ」

だから会社や友人・親族からの借金は，「借金ではない」と考えている人もいます。さらに中には，「知られたくないから内緒にしたい」と考えて言わない人もいます。しかし，会社であろうが，友人・親族であろうが，債権者には違いないし，借金には変わりありません。ですからこの点は依頼者に納得してもらう必要があります。

　続いて，アクア先生は

　　「住宅ローンとか，大きな家電製品などをローンで買っていませんか？」

とたずねました。依頼者の中には借金だけを考えて，割賦払い（ローン）での買い物を忘れてしまっている人もいますし，「ローンは借金じゃない」と考えている人もいます。だから，この点については弁護士が依頼者に対して説明をして，理解してもらうようにする必要があります。

　次に，返済に充てられる資産（返済原資）はどのくらいあるかを聞き取ります。アクア先生は，尾仁さんに，1か月の返済額を聞きました。すると尾仁さんから「月20万円くらい」との回答がありました。さらに1か月の収入を聞いたところ，「手取りで27万円くらい」ということがわかりました。

さて，尾仁さんの場合，手取り27万円のうち，20万円を毎月の返済に充てているということは，月7万円で全ての生活費をまかなっているのでしょう。尾仁さんが独身であるとしても，お父さんから生活費の援助を受けているようですから，月7万円で生活することはかなり苦しく，生活費が不足してくると貯金を切り崩しているようです。しかし，それも底をつく状態なので，いずれ生活費不足を補うなうために新たに借金をする可能性もあります。以上から，尾仁さんは支払不能にあるといえるでしょう。

ここまでの話の内容を，そらくんはこのように記録しました。

【そらくんのメモ3】

債権者は金融業者が10社くらいある。
債務額は700万円くらい。
友人からも20万円借りている。

父親から生活費の贈与を受けた。←借金にはならない

ローンなどの購入は無い。

月収は手取りで27万円、月の返済額は20万円くらい。
生活費不足により、さらに借金を重ねる。

Case 5 そらくん，依頼者との打合せに同席する（債権者の確認）

第Ⅱ章 実践編 1

1 債権者名・住所・債権額などの整理

破産手続申立てにあたり，「債権者一覧表」を作成して提出しなければなりません。その前提として

① 債権者は誰か

② 債権額はいくらか

を調べなければなりません。やり方はいろいろありますが，後々，債権者一覧表を作らなければならないので，この段階で債権者のリストを作っておく方がよいでしょう。

これらは，依頼者から聞いたり，請求書や督促状，契約書等の資料からある程度の範囲はわかりますが，資料などからわかる範囲外の債権者の有無については依頼者に確認する必要があります。

2 依頼者からの聞き取り

個人的な貸借では，借用書や契約書を作らないでしょうから，それは，依頼者から聞き取ることになります。聞き取る内容は，①その人の名前・住所，②借りた年月日，③金額，④返済方法などの取り決め（毎月○日に○○円返すなど）は無いか，などです。

この段階での聞き取りの目的は，受任通知と債権調査票を送付することなので，債権者名と住所がわかることがポイントとなります。債権額や借入日など他の事項は，債権調査票や債権に関する資料から判明するので，この段階ではおおよそが分かればよいでしょう。

3 借入れの有無の調査

⑴ 銀行からの借入れの有無 ─────────────

いまでは，誰もが銀行に預金口座を持っているでしょう。銀行などで普通預金の口座をつくるとき，特に預金者から指定しないかぎり，「総合口座」が開設され，普通預金口座の他に，定期預金や貯蓄預金も一緒に作られていることが多いです。その口座を普通預金としてのみ利用している人もいます

が，中には，

「お金を貯めよう」

と思って定期預金を作っている人もいます。そういう人の中には，その定期預金が担保となって，普通預金の残高が「－（マイナス）」になっていることがあります。これが定期預金の「担保貸付」です。定期預金が担保となっているので，普通預金の借入分（マイナスになっている額）を返済できない場合，定期預金で返済する仕組みになっている（つまり，定期預金額以上の借入れはできない。通常，定期預金額の7割〜9割くらいの金額まで貸し付ける）ので，この部分については返済できないということは，余程のことがない限り起こらないでしょうが，これも借入れになります。

　また，昨今は，金融機関のキャッシュカードそのものに，無担保でお金を借りることができる機能がついているものもあります。いわゆる「カードローン」で，預金口座を開設するときに，キャンペーンやら何やらで，

　　　「いま，カードローンも一緒に契約すると，半年間（又は1年間）預金の金利がアップします（といっても0.05％くらいです）。カードローンは契約するだけで，お金を借りる必要がなければ何もしなくていいですし，契約したからといって費用が発生するわけでもありません。お得ですよ！」

と言われて必要もないのにカードローン契約をしてしまう人がいます。たしかに，口座をつくったとき（カードローン契約をしたとき）は，お金に困っていないから，カードローンでお金を借りるなんてこと考えもしないでしょうが，後々，お金が必要になって困っているときに，カードローンでお金を借りてしまうことがあります。最初のうちは，少額（2〜5万円くらい）を借りて，すぐに返せると思うのでしょう，気軽に借金をしてしまうのですが，気がついたら，限度額（金融機関によって違いますが，30万円〜50万円の範囲）目一杯まで借りていることがあります。これも銀行からの借入れになります。

　これらは，通帳をよく調べると月末若しくは毎月10日あたりに

「カードローン返済」として5,000円若しくは10,000円くらいの引き落としがあったり，月末あたりに「貸付利息」又は「貸越利息」として数円の引き落としがされていることで発見できることがあります。

⑵ 保険会社からの借入れの有無

　解約返戻金のある損害保険，貯蓄型の生命保険など，保険に貯蓄性があり，契約者が保険会社から保険契約による「配当金」「解約返戻金」「保険金」その他何らかの「給付金」を担保として，借入れをすることができます。これは，保険会社からの「契約者担保貸付」「契約者貸付」などとよばれています。

　これらも，銀行の担保貸付と同じく，担保となる「配当金」「解約返戻金」「保険金」その他何らかの「給付金」で，いずれ相殺されるので，返済できなくなるということはおそらく無いと思われますが，借入れをしている事実には違いがないので，保険会社も債権者となります。

　この契約者貸付の場合は，保険会社から「貸付状況のお知らせ」のような通知がくることはありますが，特に契約していない限り，毎月一定額の返済をするという人は少ないでしょう。担保があるので，毎月督促などをしなくても保険会社としては，貸付分を回収できるからです。いうなれば，将来の保険金や解約返戻金を先払いしてもらっているようなものでしょう。だから，借りた本人（債務者）も

　　「借りている」

という意識が薄く，忘れていることさえあります。

　保険などは保険証書があるので，そこから保険の種類，番号などを特定し，債権調査票を送付することで保険会社から貸付状況を回答してもらえば，状況が把握できます。また，依頼者（債務者）が持っている督促状などの資料の中に，保険会社からの通知などがあれば，そこからも推定できるので，そのようなものがあれば，保険会社から借入れをしているかもしれないと判断できます。

⑶ 親族・友人からの借入れの有無

　依頼者（債務者）の中には，親族・友人などから借金をしている人もいます。そういう人たちの中には，

　　　「破産するときの債権者は，サラ金のような金融業者だけで，この人たち（親族・友人）には必ず返すから，債権者にはならない。」

Case 5　そらくん，依頼者との打合せに同席する（債権者の確認）　131

　　　「迷惑をかけたくないので，この人たち（親族・友人）のことは言いた
　　くない。」
　　　「身内や友達からお金を借りても借金じゃない。」
と，勝手な論理というか理屈というか，このように考えている人もいます。
必ず返すといっても，現実には返せていないわけだし，親族や友人だけ特別
扱いすることは，他の債権者との関係でいえば不公平となります。ですから，
親族・友人であろうと債権者に含めなければなりません。
　しかし，このような人たち（親族・友人）からの借金では契約書など作ら
ないことの方が多いでしょう。なので，内容を依頼者（債務者）本人から聴
き取ることとなります。聴き取る内容は
　①　その人の名前・住所
　②　借りた年月日
　③　金額
　④　返済方法（毎月○日に○○円返すなど）の取り決めはあるか
などです。
　親族・友人に借金をしているケースで，依頼者（債務者）が破産手続の申
立前に，親族・友人にだけ返してしまうことがあります。このように特定の
債権者だけに返済することは，「偏頗弁済」となり得るので，そういうこと
はしないようにしてもらうようにします。

(4)　勤務先からの借入れの有無

　また，依頼者（債務者）が勤務先から借入れをしている場合があります。
企業によって方式は違い，いまはあまりみられなくなりましたが「退職金の
前借り」や，福利厚生の一環として会社が従業員に一定額の貸付を無利息又
は低金利で行っているところもあります。
　このような勤務先からの借金は，月々の給料から一定額を「天引き」する
返済方法がとられていることがあり，その場合は，自分があまり気にしない
ところで返済しているので，依頼者（債務者）自身が借入の状況（残債務額，
月の返済額など）がよくわかっていないことがあります。その場合は，勤務
先が債権者になるので，勤務先宛に債権調査をする必要があります。

132　第Ⅱ章　実践編　1

　ただ，依頼者（債務者）の中には，

　　「会社には知られたくない」

　　「給料から払っているから，借金じゃない」

といって，勤務先への通知や債権調査をしないでほしいという要望を言う人もいますが，債権者の一人である以上，それはできないということをしっかり理解してもらう必要があります。

　では，アクア先生と尾仁さんとのやりとりをみてみましょう。

＊＊＊

アクア（ア）「だれから借りたか，ここに書いてください。」

（債権者一覧表の用紙を渡す。）

ア「特に，契約書や督促状などの無い人，例えば，お友達とか，知人とか，そういう人は，住所や電話番号も書いてください。」

尾仁（尾）「わかりました。」

（尾仁さん，書き始める。）

…………

尾「できました。」

ア「はい……。では，一つずつ伺いますね。まず，銀行ですが，預金を持っているのは，どこの銀行ですか？」

尾「わんこ銀行とにゃんこ銀行です。」

ア「両方とも債権者にあがっていますね。他の銀行や信用金庫などの通帳は持っていませんね？」

尾「信用金庫は，わんわん信用金庫があります。」

ア「わんわん信用金庫は，債権者にあがっていませんね。借入れは無いのですか？」

尾「信用金庫からは，借りていません。」

ア「どうして口座だけ作ったのですか？」

尾「友達にたのまれて……ノルマがあったそうです。」

ア「じゃあ，作っただけでほとんど出入金は無いということですか？」

尾「そうです。ほとんど何もしていません。」

ア「ほかに通帳はありませんね。」

尾 「通帳が無い預金があります。インターネットでのワンネット銀行に普通預金があります。」

ア 「インターネットの銀行ですね。通帳は無くても，サイトから取引明細がダウンロードできますよね。できれば過去1年間の取引明細をダウンロードしてプリントアウトするか，データをUSBメモリなどに保存して持ってきてもらえますか。」

尾 「わかりました。やってみます。」

ア 「それで全部ですね。」

尾 「はい」

ア 「それで，債権者としてあがっている『わんこ銀行』と『にゃんこ銀行』には借入れがあるのですね。カードローンですか？」

尾 「そうです。」

ア 「とすると，債権者となる銀行はこの2行（2社）ですね。借入残額はわかりませんか。」

尾 「限度額が50万円で，いっぱいだと思うのですが，正確な金額はわかりません。」

ア 「そうですか。そらくん，あとで債権者に債権調査をしてください。」

そら 「わかりました。」

＊＊＊

　ここまでの債権者として銀行の話の内容を，そらくんは次のように記録しました。

【そらくんのメモ4】

口座がある銀行
　わんこ銀行→カードローンあり
　にゃんこ銀行→カードローンあり
　わんわん信用金庫→なにもしていない
　ワンネット銀行→明細書ダウンロードを依頼

　わんこ銀行とにゃんこ銀行に債権調査すること。

続いて，カード会社についてのやりとりです。

* * *

ア　「次に，カード会社についておたずねします。ここで，債権者としてあげているのは，全部買い物ですか？それともキャッシングでお金を借りたのですか？」

尾　「両方あります。」

ア　「それでは，一つずつお聞きします。まず，『わんこクレジット』は，どうですか？」

尾　「そこは，買い物のリボ払いとキャッシングの両方があります。」

ア　「金額はどのくらいですか？」

尾　「う〜ん……，だいたいリボ払いの残りは80万円とキャッシングが30万円くらい残っていると思います。」

ア　「買い物は何を？」

尾　「いろいろです。ただ，買い物というよりは，携帯の支払だったり，インターネットのプロバイダ料金とか，あとは，生活必需品の買い物とかを全部リボ払いにしていたので，積もり積もってこのくらいになりました。」

ア　「キャッシングは？」

尾　「これは，生活費が足りなくなったり，返済するために借りたりしたお金です。」

ア　「では，もう一つの『わんにゃんカード』はどうですか？」

尾　「これも生活費や返済のためです。30万円くらい残ってます。」

ア　「なるほどねぇ，たしかに月20万円もの返済だとしんどいですねぇ。」

尾　「はい。」

ア　「今，このカードはもっていますか？」

尾　「はい，あります。」

　　（尾仁，カードを出す。）

ア　「ありがとうございます。そらくん，コピーをとっておいてください。」

そ　「はい。」

* * *

このやりとりを，そらくんは次のように記録しました。

Case 5 そらくん，依頼者との打合せに同席する（債権者の確認） 135

【そらくんのメモ5】

口座がある銀行
　　わんこ銀行→カードローンあり
　　にゃんこ銀行→カードローンあり
　　わんわん信用金庫→なにもしていない
　　ワンネット銀行→明細書ダウンロードを依頼

　　わんこ銀行とにゃんこ銀行に債権調査すること。

カード・クレジット
　　わんこクレジット
　　　　買い物のリボ払い80万円と，キャッシング30万円。
　　　　使途は主に生活費と返済のため。大きな買い物をした様
　　　子はない。
　　わんにゃんカード
　　　　キャッシングが30万円くらい残っている。
　　　　こちらも生活費と返済のため。

　　カードのコピーをとって，本人に返す。

　次は，保険関係についての聴き取りです。

＊＊＊

ア　「債権者として挙げられているのは以上ですが，その他についてお聞き
　　します。まず，生命保険や損害保険の契約をしていませんか？」

尾　「生命保険に入っています。」

ア　「保険証券は紛失していませんね。」

尾　「はい，家にあります。」

ア　「保険料の支払はしていますか？」

尾　「会社と契約している生命保険会社なので，給料から天引きされていま
　　す。」

ア　「その保険会社からお金を借りていませんか？契約者貸付というもので

すが。」

尾 「いえ，借りていません。」

ア 「その保険は，解約返戻金のあるものですか？」

尾 「多分そうだと思います。」

ア 「では，その会社の会社名，住所や連絡先はわかりますか？」

尾 「『わんこ生命』です。」

ア 「そうですか。もう一回，打合せをすることになるので，そのときに保険証券を持ってきてください。」

尾 「はい。」

ア 「他には，会社関係からの借入れは無い，ということでしたね。そうなると，ほぼ債権者は出そろっていると思われますが，お預かりした請求書や領収書などの資料を整理して，最終的には確定すると思います。」

＊＊＊

ここで，そらくんは次のように記録しました。

【そらくんのメモ6】

口座がある銀行
　　わんこ銀行→カードローンあり
　　にゃんこ銀行→カードローンあり
　　わんわん信用金庫→なにもしていない
　　ワンネット銀行→明細書ダウンロードを依頼

　　わんこ銀行とにゃんこ銀行に債権調査すること。

カード・クレジット
　　わんこクレジット
　　　　買い物のリボ払い80万円と，キャッシング30万円。
　　　　使途は主に生活費と返済のため。大きな買い物をした様子はない。
　　わんにゃんカード
　　　　キャッシングが30万円くらい残っている。

こちらも生活費と返済のため。

カードのコピーをとって，本人に返す。

保険関係
　生命保険が「わんこ生命」にある。
　保険料は給料からの天引きで未払なし。
　解約返戻金あり。金額は不明。
　保険証券を次回に持参するように依頼。

Case 6 そらくん, 依頼者との打合せに同席する (受任通知の説明・今後の手続, 準備してもらうもの, 次回打合せの説明) 139

Case 6 そらくん，依頼者との打合せに同席する（受任通知の説明・今後の手続，準備してもらうもの，次回打合せの説明）

1 受任通知の説明

　同時廃止事件に限らず，弁護士が破産事件を受任したら，債権者に対し弁護士が事件として受任した旨を通知する「受任通知」を発送することが多いです。受任通知の発送については，「必ず発送するもの」と思っている人がいますが，発送するかしないかは事案によって異なり，最終的には弁護士の判断になります。

　自然人（個人）の同時廃止申立てをする破産手続申立事件では，申立前に債権者に受任通知を出して，債権者からの取立てを止めるようにするのが一般的なやり方となっています。弁護士の受任通知を受け取った貸金業者は，それ以降，債務者に対し取立行為をすることが禁止されるので（貸金業法21条1項9号），それまで債権者の取立に苦しんでいた債務者は，取立から解放されます。債務者の中には，解放感に浸り，それまでの苦労やこれから始まることなんか考えられずに，全てが終わったものと思い込んでしまう人がいます。「喉元過ぎれば熱さを忘れる」ではありませんが，それまで借金して苦しんでいたことなんか忘れてしまうのでしょう。そうするとまた新たに借り入れをしたりする人もいます（おそらく新たな借り入れをしてもそれも返さなくていいと思っているのでしょう）。受任通知の発送後に新たに借入れをすることは，返済意思がない借入れと考えられ，詐欺的行為として免責不許可事由（破252条1項5号）となり得ます（ただし，貸金業者の方で，貸付を断ることもあり得ます）。さらに，受任通知発送後に，親族・友人などに対してのみ返済することは，一部の債権者のみに対する弁済（「偏頗弁済」といいます）となり得ます。そのようなことをしてはいけないことを弁護士から依頼者に説明するので，

　　　　「受任通知について説明，新たに借り入れをしないことなどの注意事
　　　　項を説明済み。」

と記録しておけばよいでしょう。

　この他，受任通知発送前に確認しておくべきこととして，銀行等の金融機関が受任通知を受け取ると，その債務者の預金口座が凍結され，払い出しなどができなくなります。これは，債権者である銀行が反対債権（貸付金）の

回収のために行う措置で，受任通知を受領した時点で預金口座に残っている額が貸付金と相殺されることがあります（相殺するかしないかは，その金融機関の自由です）。受任通知受領後に口座に入金されたものと相殺することはできませんが（破71条，72条），金融機関の中には，相殺を主張する者もあり，その預金口座が給料などの振込口座であるような時は，振り込まれた給料の払い出しができなくなることもありうるので，受任通知を発送する前に，借入等が無い別の金融機関で新たに預金口座を作成し，振込先を新たな預金口座に変更しておくように依頼者（債務者）に指示しておく方がよいでしょう。

また，ローンで自動車を購入しているならば，ローンを支払い終わるまで，その自動車の所有者が登録上，ローン会社になっている場合があります（所有権留保特約がある場合です）。その他，クレジット，分割払いなどで購入したもので代金の支払いが終わっていない物は返還しなければならないことがあります。そのような物がある場合は，まず，その物がどこにあるのかを確認して，次に債権者に返還しなければならないことがあるということを理解してもらう必要があります。そのため，物がなくならないよう（だれかに持って行かれないように）保管をしっかりしておいてもらうようにします。

2　債権調査票の説明

破産手続申立てでは，申立人（債務者）にどのくらいの債務があるのかを明確にしなければならないので，各債権者が持っている債権額を明確にする必要があります。

もちろん，依頼者（債務者）自身がそれを記録しているなど，明確な資料があればよいのですが，破産手続の依頼者にそのような几帳面な性格の人は非常に少ないです。それどころか，どこに（誰に）いくらくらいの借金をしているのかわからなくなってしまっている人が多いでしょう。そうなると，請求書や督促状，契約書などから債務額を算定していくしかないのですが，そのような資料を細かく保存している人も非常に少ないです。

そこで，数年前から，債権者に対して債権調査票を送り，債権者自身に債権の内容，債権額などを回答してもらう方法が採られるようになりました。これを「受任通知」と一緒に債権者に送り，回答してもらうようにすること

が多いです。

　以上を踏まえて，「受任通知」と「債権調査票」について，説明しました。

＊　＊　＊

ア　「債権者の人たちには，尾仁さんの件を私が受任した旨を知らせます。これを『受任通知』といいます。債権者は，弁護士からの受任通知を受け取ると，個別に債務者に督促などをすることができなくなります。」

尾　「督促がなくなるのですか？」

ア　「原則としては，そうなっているのですが，それを無視して請求してくる債権者はいます。また，銀行やカード・クレジット会社などの大きな組織では，債権回収の担当者まで伝わるのに時間が少しかかることがあるので，受任したことを知らずに請求してくることもあります。いずれにしても，そういう場合はこちらへ連絡してください。」

尾　「わかりました。」

ア　「それから，請求は止まっても，借金が無くなったわけではありませんからね。間違えないでください。」

尾　「はい。」

ア　「それと，請求が止まっても，新たに借金をしないようにしてください。破産申立予定であるにもかかわらず，新たに借金をすると，『返すつもりがないのに借りた』ということになりかねず，後々，免責不許可となりかねませんので，絶対にしないで下さい。」

尾　「はい。」

ア　「次に，債権者には『受任通知』と一緒に『債権調査票』を送って，債権額や債権の種類などを回答してもらいます。それで債権の内容などは判明しますが，債権者の言っていることが正しいかどうかを判断するため，尾仁さんが持っている資料と照合する作業をします。ですので，尾仁さんにも覚えている限りでよいので，確認してもらうことになります。」

尾　「う～ん……，はい。」

＊　＊　＊

　これをそらくんは，次のように記録しました。

【そらくんのメモ7】

口座がある銀行
　わんこ銀行→カードローンあり
　にゃんこ銀行→カードローンあり
　わんわん信用金庫→なにもしていない
　ワンネット銀行→明細書ダウンロードを依頼

　わんこ銀行とにゃんこ銀行に債権調査すること。

カード・クレジット
　わんこクレジット
　　　買い物のリボ払い80万円と，キャッシング30万円。
　　　使途は主に生活費と返済のため。大きな買い物をした様
　　子はない。
　わんにゃんカード
　　　キャッシングが30万円くらい残っている。
　　　こちらも生活費と返済のため。

　カードのコピーをとって，本人に返す。

保険関係
　生命保険が「わんこ生命」にある。
　保険料は給料からの天引きで未払なし。
　解約返戻金あり。金額は不明。
　保険証券を次回に持参するように依頼。

受任通知・債権調査票についての説明
　債権者の請求があった場合，連絡すること要請。
　請求が止まっても，新たな借金をしないように注意。
　債権調査票の説明とともに，資料との照合の説明。

3　今後の説明

　方針が決まった後，弁護士から依頼者に対して，今後，どのようにことが進んでいくかを説明します。

　説明する内容としては，

---

① 　破産手続の申立てをすること。

② 　破産手続の申立てをするためにいくつかの書類を作る必要があること。

③ 　それらの書類を作るために，職歴，家族構成，破産に至った事情，預貯金・保険などの財産関係の詳細な内容，１か月の家計収支などを詳しく聞く必要があること。

④ 　申立てには，予納金といって破産手続をするために必要な費用を納める必要があること，他に，指定された券種の郵便切手（郵券）を納める必要があること。

⑤ 　今回は，破産手続申立てとともに破産手続を終了する旨の申立て（同時廃止申立て）をすること。そのため，破産手続開始決定が出されると同時に破産廃止決定が出され，破産手続が終了すること。

⑥ 　破産手続開始決定が出された後に，免責手続が行われ，免責決定が出されたら，全ての手続が終了すること。

⑦ 　免責決定が出された後は，債務（借金）の返済義務がなくなり，原則として借金は返さなくてもよくなること。ただし，公租公課（税金など）や不法行為による損害賠償金（交通事故の賠償金など），離婚に伴う養育費など，支払義務が免れないもの（非免責債権）もあり，それらは免責決定が出されたとしても払わなければならないこと。

などが考えられます。

　依頼者としては，一番気になるところですが，依頼者は不安と緊張，さらに理解できないような単語が出てくるので，ほとんど理解できず，弁護士の説明に対して，ただ

　「はい……。」

と答えてしまうことが多いです。そのため，帰宅して落ち着いてから，

「あのとき，なんて言っていたのかわからなくて……。」

と問い合わせてくることがあります。そうなったとき，事務員が説明するのか，弁護士が再度説明するのかは，事務所によって違うでしょうが，いずれにしても，後々，依頼者から問合せがあっても，打合せの時に何を説明したのか，そのうちどの部分（あるいは全部）が理解できていないのかがわかるように，打合せの記録（議事録のようなもの）を作っておくとよいでしょう。

4 依頼者に準備してもらうこと，用意してもらう物，次回打合せの説明

(1) 依頼者にしてもらうことの説明 ─────────────

破産手続開始申立をするにあたり，弁護士が依頼者にしてもらうことを説明します。依頼者の中には，自分は何もしなくても，弁護士が何でもやってくれると思っている人が少なからずいます。ですので，

　　「あなたにやっていただきたいことがあります。」

　というと，

　　「え？」

　　「できないので，先生がやってください。」

　　「忙しいので，できません。」

　　「むずかしいので無理です。」

など，最初から「自分にはできない」と決めてかかっているのでしょうか，まだ何も言わない段階で拒絶する人もいます。なので依頼者ができるように，やり易いように工夫して指示してあげるようにした方がよいでしょう。

依頼者が混乱しないように，してもらうこと，用意してもらう物をリストにして手渡し，明確にしてあげるとよいでしょう。できるだけ，抵抗がないようにしてあげると，「できない！」と思っている人も「ん？できそうだなぁ……。」となるかもしれません。

依頼者自身にしておいてもらうこととして，以下の事などがあります。

　① 新たな借入れをしないこと

　　弁護士から各債権者に対し「受任通知」を発送し，それを受領した金

融業者は取立をすることができなくなるので，依頼者（債務者）は債権者からの取立から解放されます。そうなると，また新たに借金をする人もいます。時には

> 「どうせ破産したら返さなくていいんだから，今のうちに借りられるだけ借りておく方が得だ。」

などと考える人（と考えて借金するように唆す人）もいます。

　破産申立てを受任した弁護士は，受任通知発送後に新たな借入れをすることは，免責不許可になり得るので，絶対にしてはいけないことを説明すべきです。

② **申立書類などの記入**

　破産手続開始申立の書類の定型用紙を依頼者に渡し，

> 「この書類の空白部分をわかる範囲でいいので，記載してください。」

といって渡しておきます。依頼者によってまちまちですが，ある程度の部分は記載して来る人もいますが，結局何も書かないで来る人もいます。

　ただ，後々，申立書類をつくるうえで，依頼者自身が書類の必要事項を記載していると，役に立つこともありますので，できるだけ努力してもらうようにするとよいでしょう。

③ **家計収支表の作成**

　破産手続開始申立の添付書類として，申立前2か月分の「家計収支表」が必要になるので，依頼者（債務者）に家計収支表を作成してもらうようにします。

　これは，依頼者（債務者）自身の性格にもよるのでしょうが，家計簿をつけることと同じなので，なかなか続かない人が多いのも事実です。

　継続して家計簿をつける方法などは，種々ありますが，一つの方法として，

　「家計収支シート」

を渡しておき，これに一日の買い物のレシートを貼り付けて，2か月分溜まったところで，集計するという方法があります。現在では，ほとんどの買い物にレシートが付いてきますし，レシートのない買い物自体少

ないでしょうからその都度メモするようにしておけば，収支の漏れがほとんどないようになるでしょう。他には，大学ノートを一冊手渡しておき，とにかく買い物をしたらレシートをノートに貼り付けさせる，という方法もあります。

他に光熱費や新聞代などの固定費に含まれるものは，銀行の通帳や請求書などから把握できるので，これらをまとめると，家計収支表ができあがります。

とにかく，家計収支表をつくるために，日々の買い物の内容を把握する必要があるので，その依頼者（債務者）ができる方法を選択するようにします。

(2) 次回の打合せ日の設定，用意してもらうものの説明

依頼者が必要な物を用意したり，こちらが渡した書面に必要事項を記載したりする時間などを考慮して，次回の打合せ日を決めることになるでしょう。

必要書類の中で，「家計収支表」がありますが，常日頃から家計簿をつけているなら問題ないのですが，つけていない場合，2か月分の家計収支をつくらなければならないので，その分の時間をとる必要があります。

事務所の方針によって違いますが，初回の打ち合わせの前に明らかに破産の申立てをすることが決まっているような場合を除いて，最初に事情を聞いて方針を決めるでしょう。そこで，方針が決まったら，弁護士が次回の打合せ日を決め，次回までに依頼者に用意してもらう物（資料や書類など）と次回までに依頼者自身にしておいてもらうことを弁護士が依頼者に伝達します。

依頼者に用意してもらうものとしては，以下の物が考えられるでしょう。

① 委任状の用意

破産手続開始申立には，民事訴訟の提起と同じように弁護士が代理人となる場合は，委任状が必要になります。

最初の打ち合わせのときに，依頼者が印鑑を持参しているならば，その場で委任状に署名・捺印してもらえばよいのですが，印鑑を持参していないならば，白紙委任状に署名箇所，捺印箇所を鉛筆などで示して，返送用封筒とともに依頼者に渡し，返送してもらうようにします。

② 住民票の写しの取得

　破産手続開始申立の添付書類として必要なので，居住している地域を管轄する市区町村役場でとってきてもらうようにします。その際，

　　ア　依頼者の世帯の全員の名前が記載されているもの

　　イ　本籍地，世帯主，続柄などの記載が省略されていないもの

を取得してもらうようにします。役所で交付請求するときに，係員から，記載事項や用途（何に使うか）などを聞かれるでしょうから，そのときは，

　　「世帯全員のもので，記載省略のないもの」

　　「裁判所に提出」

といえばよい，と伝えるようにします。ただし，「マイナンバー」と「住基コード」の記載は必ず省略してもらうことを伝えるようにします。

③ 戸籍記載事項証明書

　破産規則上，添付書類とはされていませんが，裁判所によっては，収集が必要な書類となっていることがあるので，その場合は，依頼者に取得しておいてもらいます。

　交付請求先（発行してもらう役所）は，本籍地がある地を管轄している市区町村役場なので，住所を管轄している役所と同じであればよいのですが，違う役所であれば，郵送などによって，交付請求することになります。

④ 預金通帳

　財産関係，生活状況等の資料として，依頼者（申立人）名義の預貯金通帳を持参してもらいます。

　過去1年分の記載があること，給与の振り込みのある口座，クレジットの引落口座，保険料の引落口座，光熱費の引落口座となっている通帳は必ず持参してもらいます。通帳記帳をしばらくしていないと「おまとめ」や「一括記載」などという名称で，通帳に記載されません。また，通帳を廃棄・紛失している人もいます。その場合は，当該金融機関（銀行，信用金庫など）から預金の「取引明細書」を発行してもらうようにしてもらいます。

⑤　保険（共済）証券

　　生命保険，共済保険などの保険に加入している場合，保険（共済）証券を持参してもらいます。解約返戻金がある契約であれば，「解約返戻金（見込）額証明書」を保険会社等からもらうようにしてもらいます。

⑥　収入に関する資料（直前に）

　　収入に関する資料として，以下のものを用意してもらいます。

　　　ア　給与所得者では，直近２か月分の給与明細書
　　　イ　個人事業主の場合は，直近２年分の所得証明書（確定申告書など）
　　　ウ　生活保護受給者では，生活保護受給証明書
　　　エ　公的年金受給者は，公的年金受給証明書
　　　オ　失業保険受給者は，失業保険受給証明書

⑦　住居に関する資料

　　所有不動産に居住している場合，その不動産の登記事項証明書（共同担保が設定されている場合は，「共同担保目録」が付いたもの）とその固定資産評価証明書，さらに抵当権などの担保権が設定されている場合，その被担保債権の残額がわかる書類（債権者である金融機関から発行してもらう残高証明書など）が必要となります。これは，その不動産の財産価値を判断するためのものです。

　　賃借している住居に住んでいる場合は，その賃貸借契約書を，契約書を作成していない場合は，賃貸人（家主）に「居住証明書」を発行してもらい，その建物の不動産登記事項証明書とともに持参してもらいます。

⑧　退職金（見込）額証明書，退職金支給規定

　　退職金が支給される仕事に就いている人であれば，退職金がいくら支給されるかも財産目録に記載しなければなりません。

　　勤務先から退職金（見込）額証明書をもらうか，勤務先の就業規則などに退職金の支給規程があれば，それを基に計算できるので，それを持参してもらうようにします。

⑨　自動車検査証（車検証），自動車の評価・査定書

　　自動車を所有しているならば自動車検査証（車検証）のコピーを，新車時から７年内の自動車や新車価格が300万円以上の車の場合は，自動

車の価格（評価額）についての書類を持ってきてもらいます。中古車販売業者などの無料査定を利用するなどして調べます。

アクア先生は，尾仁さんに対して，今後の説明をして，そらくんは，それらや尾仁さんにやってもらうことを記録しました。

【そらくんのメモ8】

税金や年金の滞納はあるか
　・持ってきてもらうもの
　預金通帳，保険証券，住居の書類（賃貸借契約書，不動産登記
　事項証明書），給与明細（2〜3か月分），退職金証明書（もし
　くは就業規則など）。自動車は持っていない。

　・人にお金を貸していないか。←先生聞いてない。

書類を書いてきてもらう。
　　これらの書類をできる限り書いてきてもらって，次回の打
　合せでの書類作成の資料となり，添付すべき資料，作成に必
　要なものを持参してもらう。

Case 7 そらくん，受任通知と債権調査票を発送する。

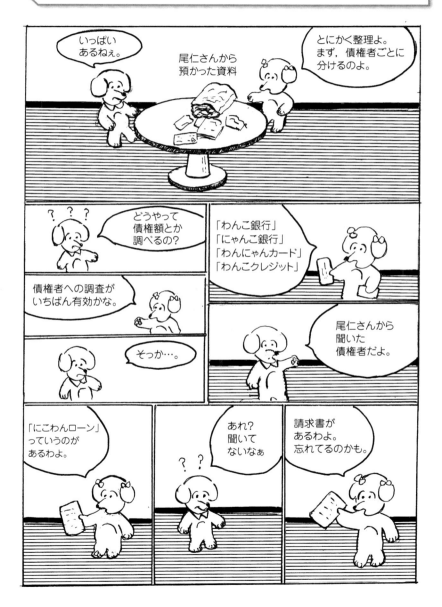

Case 7 そらくん，受任通知と債権調査票を発送する。 155

1　判明している債権者の確認

　依頼者（債務者）から預かった資料を整理し，さらに依頼者（債務者）から聴取したことから，債権者の住所・所在地，氏名・名称を整理し，リストを作っておくと，後に作成する債権者一覧表を作るときにそのリストを利用することができます。

　分類の手順としては，まず，請求書や領収書，督促状など書面の種類にかかわらず，債権者ごとにまとめます。

　請求書や領収書，聞き取った内容などから

> ①　銀行，信用金庫などの金融機関
> ②　消費者金融などの金融業者
> ③　生命保険会社，損害保険会社など契約者貸付をしている会社
> ④　個人的な貸借，仕事上で作った借入れ

などに，おおまかに分類できるでしょう。

　そこから

　「債権者名」「住所（宛先）」

をリストにすると，とりあえず，受任通知の発送先リストができあがります。

　次に，債権者ごとに集めた資料を時系列で並べます。日時がわからない書類は，「日時不明」として一番最後に並べます。そして，日時が判明している資料の中に，借入金額が記載されているものと記載されていないものがあるでしょうから（もちろん，全てに金額が記載されていることもあり得ます），その中で，一番日付が新しいもの（直近のもの）の金額を調べます。暫定的に，借入残額（元金）は，これと考えておきます（あくまでも「仮」です）。

　ここまでで，

> ①　債権者名
> ②　住所・所在地
> ③　借入残元金（仮）

が判明します。この段階で債権者一覧表を作成するのに必要な情報の一部が

Case 7　そらくん，受任通知と債権調査票を発送する。　157

わかりましたので，これらを債権者一覧表の該当箇所に記入しておきます。あくまでも，この段階では「仮」に記載しておくだけで，後に債権者に対して債権調査をした結果，金額が異なる，債権者名（商号）が変更されている，会社の本店所在地が移転している，などのことがありえますので，その都度，修正していきます。

　そらくんは，尾仁さんから預かった資料をゆめちゃんと一緒に整理しました。

2　受任通知の文案の作成

　債権者の氏名・名称，住所・所在地が判明したら，弁護士の指示により，受任通知書と債権調査票を作成します。受任通知の文案は，その記載内容については法的に規定されていませんが，各法律事務所でもひな形を用意しているならば，それを利用すればよいでしょう。

　ひな形が無いので，これから作成しようとする場合，考え方としては，受任通知を発送する目的は，

> ①　弁護士が介入したので，債務者への取立を控えてもらうこと
> ②　破産手続申立てをする予定であること
> ③　債権額その他の情報を提供してもらうこと

ですから，それらが分かるように文面を作成することが必要です。形式や文面は，弁護士それぞれにより好みやこだわりがあるでしょうから，弁護士の指示に従って文案を作成すればよいのですが，特に指示がなければ，必要事項を漏らさないように文案を作成します。

3　債権調査票の作成

　債権者へ受任通知を発送するときに，「債権調査票」を一緒に送付し，各債権者に対して，債権の内容・額などについて回答をしてもらうように協力を依頼します。

　債権調査票ですが，各地方裁判所で定型書式を用意していますから，それを利用する方がよいでしょう。それでなければダメということではなく，債

158 第Ⅱ章 実践編 1

権調査に必要な事項が記載されていれば，型式にこだわらなくてよいと思います。

債権調査票の回答期限ですが，債権者側の時間的余裕を考えて，1〜2週間くらいを考えておけばよいでしょう。

4 受任通知と債権調査票の発送

債権者宛に送付するものは，基本的に

① 受任通知書
② 債権調査票
③ 債権調査票の返送用封筒（切手貼付）

です。

発送の方法は，特に規定はなく，

① 通常の普通郵便で発送する
② 発送後に追跡できるように，書留郵便や特定記録郵便で発送する

などいろいろありますが，弁護士の方針や各事務所でのやり方があると思います。ポイントとしては，相手（債権者）に到達したかどうかを確認できるようにするならば，特定記録郵便若しくは書留郵便を利用するのがよいでしょう。

発送したら，作成したリストに「発送済み」などを記載しておきます。

Case 8　そらくん，債権者からの電話を受けて気が滅入り，債権調査票を整理する（債権者からの問合せ・債権者一覧表の作成） 159

Case 8 そらくん，債権者からの電話を受けて気が滅入り，債権調査票を整理する（債権者からの問合せ・債権者一覧表の作成）

Case 8 そらくん，債権者からの電話を受けて気が滅入り，債権調査票を整理する（債権者からの問合せ・債権者一覧表の作成） 163

Case 8　そらくん，債権者からの電話を受けて気が滅入り，債権調査票
を整理する(債権者からの問合せ・債権者一覧表の作成)　165

1　債権者からの問合せ

　受任通知を発送した後，それを受け取った債権者から問い合わせの電話が
入ることがあります。問い合わせの目的は様々ですが，銀行，消費者金融会
社，カード・クレジット会社など，顧客が多いところは，まず該当者を特定
しなければなりません。そこで，

> ①　依頼者（債務者）の氏名の読み仮名，生年月日
> ②　債務者（依頼者）の住所確認。特にその債務者（依頼者）と契約し
> 　た当時の住所と現住所が違う場合，過去の住所遍歴の確認

等を問い合わせてくると思われます。この点について，どのように回答する
かをあらかじめ弁護士と相談し，受けておくようにします。
　その他，債権者としては，

> ①　債務総額はどのくらいか
> ②　家族，親族は一緒に破産申立てをするのか
> ③　（問合せをしている債権者が持っている）債務額が少額なので，一括
> 　返済できないか

などをたずねてくることもあります。事前に打合せをしていたこと以外の質
問をされたとき，弁護士が在席していればその場で指示を仰ぐことができま
すが，在席していなければその場では回答せずにあらためて連絡をもらうか，
こちらから連絡するかなど，不測の事態（イレギュラーな事態）の対処法に
ついても事前に打ち合わせておいた方がよいでしょう。
　そらくんは，銀行，カード会社，得体の知れない自称友達から問合せの電
話を受けましたが，事前のアクア先生との打合せ通りに回答しました。この
ように債権者の中には，不平・不満・抗議・恫喝などを人もいます。その他
に債権者から問合せがくる内容は，

> ① 債権調査票の書き方
> ② 個人の債権者の場合，これから自分は何をすればいいのか

などが考えられます。債権調査票の書き方は，記載方法や記載例の説明書き
を債権調査票の用紙とともに送付しておけばよいでしょう。ただ，債権者と
してどのようにすればよいか等は，相手方となる債務者側の者から進言する
のは不適当かもしれません。それぞれの事務所・弁護士の方針があるでしょ
うから，そういう事態もあることを想定して対応方法を弁護士と打ち合わせ
ておく方がよいでしょう。

2 債権調査票の整理

　債権者に対し，受任通知と債権調査票を発送した後，債権者から調査票が
順次返送されてきます。各債権者の都合があるので，返送されてくる時期は
バラバラでしょうが，1週間ないし3週間くらい経つと，ほぼ揃うでしょう。
ここで，債権者全員から返送されてくることもありますが，全員ではなく，
一部の債権者からは何も返送されてこないこともあります。また，発送した
郵便物が「宛所尋ねあたらず」「転居先不明」書留郵便で発送した場合は
「不在・留置期間満了」などの事由で返戻されてくることもあります。債権
者が金融会社のような法人であれば，法人登記を確認して本店移転をしてい
ないか，自然人（個人）であれば住民票の写しを徴求して住所移転の確認を
してみるとよいでしょう。それでも最初に発送した住所以外判明しない場合
は，債権者の住所・本店所在地は，最初に判明した場所を住所・本店所在地
として，債権者一覧表の備考欄に「通知等不送達」と記載しておけばよいで
しょう。

　返送された債権調査票を整理していきます。整理の方法として，まずは，

> ① 債権調査票を提出した債権者
> ② 不送達になって郵便物が戻ってきた債権者
> ③ 郵便物を発送して戻ってきてはいないが，債権調査票の提出がされ
> 　なかった債権者

に分類します。

(1) 債権調査票を提出した債権者

　返送されてきた債権調査票に基づいて，債権者一覧表を作成していきます。まず，

① **債権者名**
② **住所・所在地**
③ **電話番号・FAX番号**
④ **債権額，債権の種類（原因）**
⑤ **その他，特に注意すべき事項の有無**

を抜き出して整理します。そして，債権者一覧表の該当部分に記載していきます。

(2) 不送達になって郵便物が戻ってきた債権者

　不送達になった事由として「不在」「宛所尋ね当たらず」「転居先不明」などがありますが，債権者が金融会社や取引先会社など法人の場合は，法人の登記事項証明書を取り寄せる，ホームページがあればそこで最新の所在地を確認する，等の方法により調べると，

① **当該債権者は既に廃業・倒産している。**
② **本店所在地が移転している。**
③ **現在は商号変更している，又は他の会社に吸収合併されている。**

等が判明します。

　①の場合は，依頼者に対する債権がどこかの会社に債権譲渡されていることがありますが，その場合は，債権譲渡の通知（民467条1項）があるはずなので，依頼者に確認して探してもらうか，預かった資料をもう一度検証してみます。それでもわからない場合は，当初の債権者名のまま債権者一覧表に記載し，備考欄に「既に廃業」等と記載しておきます。

　②の場合は，新しい本店所在地宛に，③の場合は合併先の会社に，再度受

任通知と債権調査票を発送します。

　個人の債権者宛の郵便物が戻ってきた場合には，「住民票の写し」等から新住所を調べて再度発送します。

⑶　**郵便物を発送して戻ってきてはいないが，債権調査票の提出がされなかった債権者**

　郵便物は届いているが，債権者から債権調査票が提出されないというケースです。弁護士からの問い合わせに無視するようなことになりますが，この債権調査は弁護士が債権者に協力を求めているので，このように何も返答がない，ということも十分にあり得ます。そのような場合は，手元にある資料などからわかる範囲で債権者一覧表に記入します。

Case 9 そらくん，2回目の打合せに同席する（預かった資料を整理して，書類を作成する） 169

Case 9 そらくん，2回目の打合せに同席する（預かった資料を整理して，書類を作成する）

Case 9 そらくん，2回目の打合せに同席する（預かった資料を整理して，書類を作成する）　171

Case 9　そらくん，2回目の打合せに同席する（預かった資料を整理して，書類を作成する）　173

　尾仁さんが2度目の打合せのために来所しました。今回の打合せの目的は，依頼者から届いた資料や，打合せの記録に基づいて，破産手続申立てのための書類を作成することです。

1　同時廃止の破産手続開始申立で使用する書式

　ここでは，裁判所が用意している定型書式を用いて作成します。

　裁判所の定型書式は，各地方裁判所で用意されているので，地方裁判所の破産部（破産係）に問い合わせて，書式のひな型をもらったり，地方裁判所によっては，書式をワード・エクセル（Microsoft）や一太郎（ジャストシステム）の形式のファイルを裁判所のホームページからダウンロードできるようにしているところもありますので，申立てをする予定である地方裁判所に問い合わせるようにします。

　大阪地方裁判所では，定型書式を用いた申立てのうち，

> ①　弁護士が申立代理人となっている，又は司法書士が申立書などの書類の作成に関与している
> ②　生活保護受給者又は，総債務額から保証債務と住宅ローン債務額を差し引いた額が1,000万円以下で，さらに申立ての時点で，申立人が事業者ではない，又は法人の代表者でない

という条件にあてはまるものは，申立てを受理したら，裁判所書記官及び裁判官による審査を行い，問題がないと判断されたときは，その申立日の午後5時に破産手続開始決定及び破産同時廃止決定を行う方式（「即日審査方式」とよばれています）が採用されています。

2　破産申立書（同時廃止用）

　弁護士が申立代理人となるケースでの申立書として説明します。
　書式により記載する項目に多少の違いはありますが，主としては

　　「日付・提出先裁判所名」
　　「申立代理人の氏名，送達場所（事務所）住所」

174　第Ⅱ章　実践編 1

> 「申立人（債務者）の氏名・住所等」
> 「申立ての理由」
> 「参考事項」

等です。

　申立人（債務者）氏名には読み間違えを防ぐため，必ず「ふりがな」をつけます。旧姓での借り入れなどがある場合は，旧姓も記載します。債権者からの追及を逃れるために，住民票上の住所と異なるところに住んでいる場合は，実際に住んでいるところの住所を記載します。

　「連絡先」は，申立人の連絡先電話番号を記載します。

　「申立ての理由」の部分の「債権者数」「債務額」「保証債務と住宅ローンを除く債務額」は，債権者一覧表の記載内容と一致しているかを確認します。

3　債権者一覧表【巻末資料 2】

　先に受任通知を発送する際に作成したリストから，債権者から回答のあった債権調査票（債権者によっては「債権届出書」という書面を送付するところもあります），最終的に集まった請求書や督促状などの債権資料等に基づいて，債権者一覧表を作成します。債権者の順序としては，借入日（取引日）の早い順で時系列で並べるのがよいでしょう。記載する項目としてまず記載するべきは，

> 「債権者名」
> 「住所」「所在地」
> 「現在の債務額（＝債権額）」
> 「借入（取引）日，物品の購入日」
> 「使途」

で，「備考」欄は，その債権について特筆すべき事情を記載します。その他，債権者一覧表を作成するときに，よく質問を受ける事項として，以下のものがあげられます。

(1) 同一の債権者が複数の債権を有する場合

　初めて破産申立ての担当となった人や，あまり複雑なケースを経験したことのない人の中には，時々，「一人の債権者に一つの債権」と思い込んでいる人がいます。そういう人は，債権者から債権調査票（債権届出書）が複数枚送付されてくると，

　　　　「どれが正しいのだろう？？？」

となってしまうようです。しかし，破産申立てをする債務者の場合，一人（一社）から何度も借入れをしていることが多く，「一人の債権者が複数の債権を持つ」場合があります。例えば，カード会社であれば，カードローンによる現金の貸付債権と物品の買い物による代金の立替払債権というように，二つの債権を持つことがあります。ですから，一人の債権者が複数の債権を持っていることは普通に起こることで，あわてることはありません。

　そのようなケースでは，債権の発生順序（取引日・購入日の古い順番）で記載し，「番号」の部分に「1‐1」「1‐2」のように「枝番」を付けるようにします。

(2) 連帯保証人・保証人がいる場合。保証会社・信用保証協会と保証委託契約をしている場合

　申立人（債務者）が借入れをするときに，だれかに連帯保証人になってもらっていることがあります。また，銀行や信用金庫などの金融機関から借入れをしたら，関連の保証会社や都道府県の信用保証協会と保証委託契約をすることもあります。このような場合，その債務について連帯保証人若しくは保証会社・信用保証協会が申立人（債務者）に代わって支払った場合（代位弁済した場合），その連帯保証人若しくは保証会社・信用保証協会が債権者となるので，あらかじめ債権者一覧表に保証人も一緒に記載しておくようにします。

　記載の方法としては，債権者の備考欄に「保証人：○○○」又は「保証委託契約：○○保証株式会社」「保証委託契約：○○信用保証協会」のように

記載し，それに続けて連帯保証人・保証会社・信用保証協会を記載し，その
「現在の債権額」は「0円」とし，備考欄に「No.○（債権者の番号）の保証」
と付記しておくようにします。この記載の文言は，一例ですので，多少これ
と違ってもかまいませんが，ポイントはその債権に保証人がいるということ
がわかるようにすることです。

(3) 連帯保証人・保証人・保証会社・信用保証協会が，既に代位弁済した場合

　(2)のケースから一歩進んで，既に連帯保証人や保証会社・信用保証協会が
債権者に弁済している場合（この場合，弁済を受けた元々の債権者を「原債権
者（げんさいけんしゃ）」といい，「現債権者」ではありません），原債権者とは
無関係になるので，弁済をした連帯保証人・保証会社・信用保証協会が債権
者となり，これだけを記載して，備考欄に「原債権者：○○○○，平成○年
○月○日代位弁済したことによる求償債権」と説明を加えておくようにしま
す。

　保証会社・信用保証協会では，その債権が「原債権の代位」の場合と「保
証委託契約に基づく求償債権」の場合があり，二つの立場を持っているので，
債権調査票（債権届出書）にどちらの立場での債権を記載しているかを確認
してから債権者一覧表に記載するようにします。記載内容としては，「原債
権の代位」の場合は，原債権者の地位をそのまま受け継いで（承継して）い
るので，債権の発生日である「借入・購入等の日」は原債権の借入・購入日
となり，「使途」も原債権の使途と同じとなりますが，「保証委託契約に基づ
く求償債権」の場合では，保証会社・信用保証協会の独自の立場での債権で
すから，債権の発生日は「代位弁済の日」であり，「使途」は「その他（求
償債権)」となります。

Case 9　そらくん，2回目の打合せに同席する（預かった資料を整理して，書類を作成する）　177

⑷　債権者が債権の管理・回収を債権管理回収会社に委託・債権譲渡した場合

　金融機関によっては，債権管理回収会社（サービサーとよばれています）に債権の管理・回収を委託したり，債権そのものを譲渡していることがあります。債権管理回収会社（サービサー）とは，金融機関等から委託を受け又は譲り受けて，特定金銭債権の管理回収を行う法務大臣の許可を得た民間の債権管理回収専門業者で，不良債権の処理等を促進するために「債権管理回収業に関する特別措置法（サービサー法）」が施行されて，弁護士法の特例としてこのような民間会社の設立がされました。

　債権の管理・回収を委託している場合は，委託を受けた債権管理回収会社は「受託者」で委託した債権者は「委託者」となり，「債権者名」の欄には受託者である債権管理回収会社を記載し，備考欄に「委託者○○株式会社，平成○年○月○日債権管理回収委託」と記載します。

　債権そのものを債権管理回収会社に債権譲渡している場合は，債権者が債権管理回収会社となりますから，「債権者名」は債権管理回収会社となり，「借入日」はもともとの借入日であり債権譲渡日ではありません。また「使途」もその債権の使途を記載し「その他（債権譲渡）」ではありません。そして備考欄に「債権譲渡人：○○株式会社」のように記載します。

4　債権者一覧表（公租公課用【巻末資料3】）

　滞納している公租公課も申立人（債務者）の債務となるので，本来ならば債権者一覧表に記載するべきものですが，公租公課は非免責債権となるので，一般の債権とは別に公租公課用の債権者一覧表を作成します。

　この場合は，債権者としては国（国税）や地方自治体（地方税）ですが，記載内容は，「公租公課の種類」と「滞納額」，「納付の年度」「納付先」となります。

　滞納が無い申立人（債務者）の場合は，提出不要となるか，金額を「0円」としたものを提出するか，どちらの方法を採用しているかは申立てをする裁判所に確認するようにします。

5 財産目録【巻末資料4】

　申立人（債務者）がその時点で所有している財産の一覧表を作成します。記載する財産の内容は，各裁判所の書式によって違いがあり，詳細に記載するものもあれば，大まかな内容が把握できればよいと考えているものもあります。いずれにせよ，預かっている資料（預金通帳のコピー，保険証券など）から一つずつ記載していきます。

(1) 現　金

　現金は，基本的に5万円以上あれば「有り」「ある」としてよいでしょう。
　破産申立てをする人に5万円以上の現金が手元にあることは珍しいと思いますが，だれかに貸していたお金が返ってきたり，会社から何らかの手当が支給されたりなど，現金が手元にあるという人はいるので，依頼者に確認しておく必要があります。

(2) 預貯金・財形貯蓄などの積立金

　預貯金については財産目録への記載の前の準備として，預貯金通帳の記帳をして，そのコピーをとり，最終ページに
　「平成○年○月○日　記帳」
と記載しておきます。そのコピーは添付資料として申立時に提出します。
　コピーのとり方ですが，
　① 表紙と裏表紙の「口座番号」・「支店」・「口座名義」の記載のあるページをとる。
　② 預金の出入記録（預入，払出）の記載のあるページを全てとる。
　③ 総合口座通帳の場合，「普通預金」「定期預金」等，全ての種類の預金のページをとる。定期預金の開設をしていないなど，全く記載の無い預金があれば，その最初のページだけのコピーをとります。つまりは，全ての種類の預貯金の出入状況がわかるようにコピーをとります。
　記帳後，通帳の記載中に「おまとめ」や「一括記載」と表示された部分があるときは，その部分についての明細は通帳に記載されていないことになる

ので，その部分の「取引明細」を金融機関からもらうように依頼者に伝えます。

最終的に記帳が全て終わっている預貯金通帳をもとに，

① 金融機関名
② 口座番号
③ 残高
④ 記帳日
⑤ 一括記載の有無

を順次，所定箇所に記入していきます。たとえ残高が0円でも口座を解約していないかぎり，その口座を記載し，残高部分に「0円」と記載します。

依頼者（債務者）が会社員の場合，会社によっては社内預金などの財形貯蓄，社内積立金などを持っている場合があります。それらは給与明細に給与から天引きされる形で積み立てられているので，依頼者（債務者）の給与明細にそのような記載があれば，その関係の資料を依頼者（債務者）に会社から取り寄せてもらうように伝えます。積立金などは銀行預金などとは違い，毎月の給料日に積立ていくので，「開始時期」とその時点での「積立金の総額」が分かる資料を取り寄せてもらうようにします。

⑶ 保険（生命保険，火災保険，自動車保険等）

依頼者（債務者）が持っている保険について記載します。記載するものは，契約者，被保険者などの名義を問わず，依頼者（債務者）が保険料（掛金）を出しているものを記載します。例えば，依頼者（債務者）の妻（配偶者）が契約者となっている保険について，妻が専業主婦で収入が無く月々の保険料を依頼者（債務者）の給料から負担しているような場合です。

保険関係については，保険証券を預かり，それをもとに

① 保険会社名，保険の種類
② 契約日，契約者，月額保険料

等を記載します。ここで，各裁判所の書式によって項目に違いがあるので注意が必要です。

解約返戻金の有無については，保険証券の記載から判断できるものもありますが，念のため，保険会社等に照会しておく方がよいでしょう。また，共済，自動車保険，火災保険などは解約返戻金がない（掛け捨て）と思われていますが，それは契約内容によるので，これらも保険会社等に照会しておく方がよいでしょう。

依頼者（債務者）によっては，以前は保険をかけていたが解約して解約返戻金を何らかに使用していることがあります。その解約が２年以内の場合，解約した保険の内容と解約日・解約返戻金の使途を財産目録に記載します。

(4) 賃貸借の保証金・敷金など

依頼者（債務者）が居住している自宅が借家である，自動車を所有しており駐車場を賃借している等の場合，賃貸人（家主）に対して賃借料以外に何らかのお金を支払っていることがあります。呼び方は地域によって違いますが，おおむね「保証金」や「敷金」といわれています。これらは払った金額の何割かを明け渡しのときに返すという契約内容になっていることが多いです（昨今では，このような保証金，敷金なしの賃貸借契約もあります）。

依頼者（債務者）が賃借している不動産があるならば，その契約書を提出してもらい，「物件名」「契約の開始時期」「保証金（敷金）の金額」「返戻額」をその契約書から確認して財産目録に記載します。その時，その賃貸借契約をしている物件について未払いの賃料があるならば，将来の明け渡しのときに返戻金と相殺されるので，未払賃料があるかないかを依頼者（債務者）に確認し，あるならばその金額を記載します。

(5) 貸付金・求償金など

借金まみれになっている債務者がお金を貸しているなんてわけがない，と思う人もいるでしょうが，なにも自分のお金を貸すことに限らず，債権が発生していることがあります。特に，破産申立てをするに至った人の中には，無理して人にお金を貸してしまった人，だれかの借金の肩代わりをするために金融業者から借金をした人，他人の連帯保証人となっていたために債権者に返済した人などがいます。このように依頼者（債務者）が貸付金債権や求

Case 9　そらくん，2回目の打合せに同席する（預かった資料を整理して，書類を作成する）　181

償金債権を持っている場合は，その契約書・借用書などがあればそれを，無ければ「誰に」「いつ頃」「いくらの金額」「返してもらえるかどうか」を依頼者（債務者）から確認をとるようにして，返してもらえない（回収できない）ならば，その理由を記載します。

(6)　退職金

　給与所得者（サラリーマン）で，5年以上勤続している場合，退職金の有無を考えます。

　まず，会社に退職金規程がある場合，依頼者（債務者）に会社から「退職金見込額証明書」をとってもらい，現時点で退職したと仮定した場合の退職金の額を調べます。このほかに就業規則・労働協約などの退職金制度に関する資料を用意してもらいます。

　勤務している会社に退職金規程が無い，又は契約社員・パート・アルバイトのため退職金が支給されない等の場合は，支給されないことの裏付けとなるような資料（退職金不支給証明書，雇用契約書など）を収集しておきます。

　退職金に関する証明書（支給見込額証明書，不支給証明書など）を会社に請求すると，使用目的を問われ，「破産申立てをする」ということを会社に言いたくない，又は今後の勤務の継続に支障があるなどの理由から証明書の取得を拒む依頼者（債務者）がいます。その場合は，就業規則・労働協約などの内容から，見込額を算定する，退職金規程が無い，等の事項を内容とする報告書を作成することもあります。

　申立準備時点で既に退職し，退職金を受け取っている依頼者（債務者）の場合は，その支給された金額と時期がわかる書類（会社から支払った旨の通知，振り込まれた預金通帳の写し）と何に使ったか（使途の明細）を内容とする報告書を作成して提出します。

(7)　不動産

　自宅が賃貸住宅の人でも，不動産を所有している場合があります。「？」と思った人もいるかもしれませんが

　「不動産を所有」≠「自宅が所有不動産」

182 第Ⅱ章 実践編 1

ということです。考えられるケースとしては，

① 投資話を持ちかけられ，別荘地を他人と共同購入している
② 両親が居住している不動産が自己所有名義である
③ マイホーム購入の計画中で，まず土地を購入した

などが考えられます（もちろん他のケースも考えられます）。ですから，自宅が賃貸住宅だということで

「この人に所有不動産はない」

と結論づけないことが必要です。

不動産を所有していることがわかったら，その登記事項証明書（共同担保の設定がある場合には共同担保目録が付いたもの）と固定資産評価証明書を収集し，

① 種類（土地か建物かマンションか）
② 不動産の所在地
③ 所有名義
④ その所有者の持分

を財産目録に記載します。

同時廃止申立事件では，現在に限らず，遡って2年以内に，申立人，不動産登記事項証明書と固定資産評価証明書，抵当権などの担保権が設定されている場合には被担保債権の残額がわかる書類（これは担保権者である金融機関から提出された債権調査票でわかるでしょう）を提出します。これは申立人の同居の配偶者や親族の名義の不動産の場合，申立人が購入して名義だけを変えている，若しくは，誰かに入れ知恵されるのでしょうか，

「名義を変えておけば家をとられない」

等と考えて名義を変えていることもあるからです。

自宅が所有不動産（マイホーム）で，破産同時廃止開始手続の申立てをするようなケースでは，そのほとんどの場合，不動産の購入には住宅ローンを利用しており，その不動産の現在価額よりもローン残高が上回っているケースがほとんどでしょう。いわゆるオーバーローンという状態です。

Case 9　そらくん，2回目の打合せに同席する（預かった資料を整理して，書類を作成する）　183

　申立人（債務者）が財産として不動産を持っている場合，その不動産は債権者への配当の原資としての価値が大きく，動産などと比べると換価（現金化）の手段も整っているので，その場合は，原則として破産管財事件として立件されるのが本筋と考えられますが，抵当権・根抵当権のような担保権は，破産手続上，「別除権」となるので，オーバーローンの不動産を換価しても，その売却代金の大部分は担保権者への弁済に充てられ，財産としてはほとんど無価値といえるでしょう。そこで，多くの裁判所では，不動産を持っていてもオーバーローンであるならば，破産同時廃止事件として扱う運用をとっています。

　大阪地方裁判所では，以下のような場合に，申立人（債務者）がオーバーローンの不動産を持っていても破産同時廃止事件として扱う運用をしています（平成30年現在）。

　⒜　被担保債権の残額が固定資産評価額の2倍を超える場合

　　　これは，住宅ローンの残額が3,000万円で，固定資産評価額が800万円のような場合です。必要な資料としては，住宅ローンの残額を示す資料と，固定資産評価証明書になります。

　⒝　被担保債権の残額が固定資産評価額の1.5倍を超えて2倍までの場合で，被担保債権の残額が査定書の評価額の1.5倍を超える場合

　　　これは，住宅ローンの残額が1,800万円で，固定資産評価額が1,000万円のような場合で，不動産業者の査定額が700万円のような場合です。この資料としては，⒜の場合の他に不動産業者による査定書が必要になります。

　このほかに考えられ得るケースとして，既に所有していた不動産を処分していることもあり得ます。その場合には，処分した不動産の登記事項証明書と処分に関する書類（他人に売却したなら売買契約書，贈与したなら贈与契約書など）と売却代金の使途がわかる書類（抵当権者に弁済したのであればその領収書，他の債権者に弁済したのであればその領収書，医療費などに使ったのであればその領収書など）を集めておき，処分の時期，金額，使途を明確にしておきます。

(8) 自動車

　自動車はその種類（車種）や年式，国産車か外国車かによって，価値がかなり異なります。意外に思うかもしれませんが，破産手続開始申立をしようとする人の中には外国車を所有している人もいます（もっとも，その車自体が，かなり古い年式の物で，財産的価値としてはゼロに近い物が多いのですが）。

　申立人（債務者）が自動車を所有している場合ですが，おおよそ自動車は初年度登録（新車として登録）した時から6，7年で減価償却され価値がゼロになると考えられるので，それ以上の年数が経過している自動車については，財産的価値はゼロと考えてよいと思われます。

　初年度登録から7年以内で，新車購入価格が300万円を超える自動車は，財産的価値があると考えられていますが，依頼者（債務者）が持っている自動車の新車価格の値段はわかりませんし，依頼者（債務者）も忘れているでしょう（この点について，インターネットで調べればわかるという人もいますが，その自動車のメーカーのホームページをみても，現在発売している新車の価格は掲載されていても7年前の自動車の価格など出ていませんし，その他に自動車価額を掲載したインターネットサイトがあるといっても，その信憑性に欠けます）。世間的に「高級車」とよばれている車種であれば，新車購入価額は300万円を超えると推定でき，軽自動車であれば新車価格が300万円を超えるとは考えにくいでしょう。でも「ファミリーカー」とよばれる種類のものは，300万円前後のものが多いですから，判断がむずかしいでしょう。ですから，その場合はまずは中古車販売業者の簡易査定（これは目安にするものなので中古車販売業者のホームページで出してもかまいません）を受けておおよその金額を算出してみます。そこで，20万円を超えるような価額が出るならば，あらためて正式に中古車販売業者や自動車査定業者に査定を依頼します。20万円を下回る価額であれば，財産として価値があるといえるか微妙になってきますので，その簡易査定の結果を添えて財産目録に記載し，裁判所の判断を待つとよいでしょう。

　申立人（債務者）が自動車を所有していないとしても，家計収支表に「駐車場代」や「ガソリン代」が計上されていたり，預金通帳に自動車保険や日

本自動車連盟（JAF）の会費が自動引き落としされていたりすることがあります。そのときは，家族の誰か（妻か子か）自動車を所有している場合があるので，その点を確認する必要があります。

　自動車以外の車ですが，排気量400cc以上のバイク（オートバイ）は車検証があるので，その写しを収集しておきます。評価ですが，あまり高い金額になることはないと思われますが，判断が難しいので，専門業者に簡易査定をしてもらう方がよいでしょう。そのほかに原動機付自転車（原付バイク）や排気量400cc未満のバイクは車検が無いため車検証がありませんが，自賠責保険はかけてあるので，その証明書（自賠責保険証書）を収集しておきます。原付バイクや400cc未満のバイクは新車に近い（走行距離が少ない）状態や年式が新しい場合は，多少の評価がつくので，その場合は簡易査定をしておいた方がよいでしょう。

(9)　その他の動産

　動産となると，家具類なども含まれてしまいますが，破産手続開始申立の場合，申立時点で10万円以上の価値があるものを考えます。最初に思い浮かぶのは，貴金属・外国製高級時計などがあるでしょう。高価な動産を所有しているかどうかは，本人からの聴取や物品の購入代金の立替払債権を有している債権者がいないか，動産保険に加入していないか，等の事情から判断します。

(10)　その他の財産

　株式や会員権などがこれにあたります。いまではゴルフ会員権やリゾート会員権はその運営会社が破綻していることが多いので，財産的価値があるものの方が少ないのが実状でしょう。破産申立てをする原因が株式での損失である人の場合，暴落した株式を保有したままの人がいることがあります。また，サラリーマンの場合，「社員持株会」で会社の株式を持っていることもあります。お金を増やそうと考えてFX取引（外国為替証拠金取引）を始めて，うまくいかずそのまま放置している人もいます。大きな資産にはなっていないでしょうが，財産目録には記載しておくべきでしょう。

⑾ 過払金

　一時期，消費者金融相手に過払金の返還がさかんに行われていたことがありますが，現在では，その消費者金融自体が返還困難になっていることが多く，事実上，過払金が返ってこない，もしくは減額されてしまうなどの状況になっているのが実状です。しかし，理論上は，「債権」として存在するので，財産目録には記載するべき財産といえるでしょう。

　過払金については，まず，相手となる金融業者に対し，取引履歴の開示請求をして利息制限法による引直計算をして過払金の有無を確認します。

　過払金があることが判明したら，弁護士と相手となる金融業者との交渉の度合いに応じて添付する資料を整えます。過払金返還については，相手となる金融業者との間で，どこまで話が進んでいるかによって，記載内容，収集資料が異なってきます。具体的には，以下のケースが考えられます。

---

① 　裁判外または裁判で和解が成立している場合，和解契約書又は和解調書の写しを収集する。

② 　裁判外の和解が成立しているが，和解契約書の作成が未了の場合，その旨の上申書を作成する。

③ 　裁判外での和解交渉中，又は過払金返還訴訟が係属中である場合，その進行状況の上申書を作成する。

④ 　過払金の受領が終わっている（回収済み）の場合，過払金返還に要した費用を除いた金額を算出し，回収費用の内訳，返還を受けた金額（回収費用を除く），既に回収した過払金を何らかに使用した場合はその使途を記載した上申書を作成する。

　特に，④の場合，回収費用の内訳（明細）の記載が曖昧だと，申立代理人が過払金回収について過大な報酬を取っていると誤解され，申立てを審査する段階で詳細な報告を求められることがあるので，最初の段階で，できるだけ詳細，正確な上申書を提出する方がよいでしょう。

　過払金の額が大きければ管財事件に移行することもあります。おおよそ20万円〜30万円のあたりが管財事件か同時廃止かのボーダーラインとする運用

がなされている裁判所が多いようですが，運用基準は各裁判所により異なることが多いので，申立てをする裁判所に確認しておく方がよいでしょう。

6 報告書【巻末資料5】

　以前は「陳述書」とよばれていた時期もあったので，弁護士によっては，「報告書」とすることに抵抗があるという人もいますが，定型書式では「報告書」となっているので，この名称の方がピンとくる人が多いでしょう。

　「報告書」は，申立人（債務者）がどのような事情で破産申立に至ったかを記載し，裁判所からすると，免責不許可事由の判断をする資料となります。

　記載する内容（項目）は，各裁判所の書式により，違いがあります。特に件数の多い大都市の裁判所では，申立人に対する審尋の代わりになるものですから，詳細な記載も求められる傾向にあります。

　いずれにせよ，使用する書式に従い，丁寧に記載していくようにします。

(1) 申立人の経歴等

　記載すべきは，「職歴」「結婚・離婚歴」「家族構成」等です。

　「職歴」は，現在の職業から過去へと遡るように，「申立ての7年前」までを記載します。申立人（債務者）の中には，申立時点で無職の人もいるので，その場合は，最初の職業の部分（現在の職業）を「☑無職」とします。

　「結婚・離婚歴」については，新しい順に記載していきます。同じ人と結婚・離婚を繰り返している人もいるので，その場合でも全て記載するようにします。

　「家族構成」については，まず「配偶者」は内縁も含み，同居・別居を問わず，配偶者がいるならばその人の名前を記載します。「親及び子」は，実親子，養親子を含み，もれなく全員を記載します。

　「現在居住中の家屋」については，所有物件か賃貸か，賃貸ならば貸主（賃貸人）はだれか（民間の賃貸住宅か公営か）など該当するものにチェックを入れます。ここで「申立人以外の者の所有住宅に無償で居住」というケースで

すが，ここでいう「他人」とは，申立人（債務者）以外の人全てで，親族も含みます。

具体的には

① 申立人（債務者）の父親所有の家（つまり実家）に住んでおり，父親には賃料を払っていない（＝実家に両親と同居している）。

② 住むところが無くなって，友人の家で世話になっている（＝友人の好意でタダで居させてもらっている）。

③ 親戚の家をタダ（無償）で借りている。

④ 全くの他人の家にタダ（無償）で住まわせてもらっている（他人の好意で住まわせてもらっている）。

などが考えられます。これらの場合，その家の所有者（家主）に申立人（債務者）が居住しており，そこを無償で使わせているという内容の文書（居住証明書）を所有者（家主）からもらっておくように依頼者に伝えます。

(2) 破産申立てに至った事情（債務増大の経緯及び支払ができなくなった事情）

ここは，まず申立人（債務者）が破産に至った原因を考えます。「多額の借金をした理由」は，まず申立人（債務者）から聴取した内容より該当するものを全てチェックします。それから，他の記載内容と照らして齟齬が無いかを確認します。この確認を全ての記載が終わってからする人もいますが，後回しにすると忘れてしまうこと（小さなことが多い）があるので，できればこの段階で齟齬の有無を確認しておく方がよいでしょう。

その原因として考えられるものには，以下のような例があります。

① 何かの事業を始めようとした人か，もともと個人事業をしていた人

その事業のために借入れを始めたような場合は，「事業（店）の経営破綻」が原因となるでしょう。ここでこの「事業」ですが，何年も前からありますが通販システムの中で，その通販を利用する人を（紹介などの方法によって）増やし，自分が紹介した人がその通販を利用すると，その売り上げの数パーセントが自分に報酬として入ってくるようなもの，10年くらい前から出始めましたが，インターネットでアフィリエイトを

利用して広告収入を得ようとして失敗したもの，などがあります。これで儲けようとして借金が増えて破綻するタイプの人がいますが，これも「事業の破綻」といえるでしょう。こういう人は，自分が事業をしているという意識が無く，「趣味の範囲・延長」と考えている人がいるので，事業の破綻とは思っていないことがあります。

② 生活費不足で借金を始めた人

　勤務先の会社の業績が悪化による人件費削減のため，給与削減などにより収入が減少した人たちが生活費不足を補うために借金をした場合，その原因は「生活費不足」となります。ただ，「生活費不足」を選択するときは，他の記載事項と齟齬がないように注意しなければなりません。例えば，家計収支表に記載した収入額，報告書の職歴欄に記載した収入額からすると，普通に生活できるはずなのに，「生活費不足」としていると，借金は生活費を補うのではなく贅沢・遊興のための費用と捉えられてしまいます。今まで普通にできていたこと（旅行・レジャーなど）が収入減少のためにできなくなったとしても，なかなか我慢できる人は少なく，子どもがいると，「他の子どもと同じようにレジャーに連れて行かないと学校で困ることになるので，どうしても必要だから，贅沢・レジャーではない」と言いたいという人もいますが，収入が減少してしまったら，それに見合うように生活を変えなければならないでしょう。破産申立て，特に破産同時廃止申立は，債権者になんら配当がなされないのであるから，申立人（債務者）にはある程度厳しくなることは否めないでしょう。

(3) 破産申立てに至った事情（具体的事情）————————————

　破産申立てに至った具体的事情を記載するのですが，この記載にあたっては，
　　① 申立人の生い立ちから始まり，やたらに細かく物語風に記載する人
　　② 申立てに至る直近の事情だけを書いて数行で済ませる人
に大きく分かれるようです。何をどのくらいの量を書かなければならないという規定はないので，記載することが数行で終わってしまうならそれでもよ

いのです。ただ，必要な事項を書かなければならないので，それを記載していないと，いくら目一杯書いていたとしても，申立時の審査で再提出を促される可能性があります。

では，書かなければならない必要な事項とは何かですが，それを考えるについては，なぜ，この破産に至った具体的事情を陳述形式で書かなければならないのかを考えてみると，破産原因があるといえるかを判断するためでしょう。

となると，自然人（個人）の破産同時廃止申立で記載すべきことは，

ア　最初に借金をしたのはいつ頃か，借金をしなければならない原因は何か。その当時の収入源は何で月額いくらで，返済額は月額いくらだったか。

イ　借金が増大し始めたのはいつ頃か，借金増加の原因は何か。その頃の収入源とその月額はいくらだったか。

ウ　支払いが困難（しんどくなった）のはいつ頃か。その時期の借金の総額はどのくらいか，1か月の返済額はいくらか。その当時の収入源は何で，月収はいくらか。

を中心に組み立てていきます。つまり，自然人（個人）の破産原因は「支払不能」ですから，破産同時廃止申立をしようとする人は，現在，支払不能になっているわけです。だからその原因となっている債務（借金）があるはずですよね。それを中心に過去に遡ってみると，コンパクトで必要な事項をきちんと書けるでしょう。

ちょっと二つほど例を挙げて書いてみましょう。

(ア)　サラリーマンのAさん。小遣い稼ぎのつもりで始めた株取引で損失を出し，それを取り返そうとして深みにはまって借金が増大した。

(イ)　サラリーマンのBさん。義兄が事業をしていたが業況が悪化し，取引銀行から融資が受けられなくなったため，消費者金融甲金融㈱から事業資金を借りるため，Bさんが連帯保証人になった。しかし，義兄の事業は失敗し，行方不明となった。消費者金融である甲金融㈱は，連帯保証人であるBさんに返済を求め，Bさんは，消費者金融からの督促に耐え

られず，自分が消費者金融，カード会社など数社から借金をして甲金融
に返済したが，今度は自分が主債務者となる借金が増えてしまった。

㋐の場合は，株式投資に失敗し，借金が増えていったケースです。ドラマ
になりそうな話ですが，ポイントとしては，

> ● 最初に借金を始めた時期，その原因（理由）と金額，返済月額，その
>   頃の職業と収入（月収）
> ● 返済が困難となり始めた時期，その原因とその時の債務総額と返済月
>   額，その頃の職業と収入
> ● 現時点（申立時）の債務総額と返済月額，収入（月収）

などを中心にします。特に借金を始めた理由，借金を続けていった理由を具
体的に記載します。

㋑のケースは他人の連帯保証人となったもので，こちらもよくある話で
しょう。こちらのポイントとしては，基本は㋐と同じですが，借金をした原
因が

「他人の債務の連帯保証人になったこと」

「他人の債務を返済するために，自分が借金をしたこと」

「そのために，自分の生活が困難になったこと」

ですので，そのあたりを具体的に記載します。

(4) 免責不許可事由に関する報告

免責不許可事由は，破産法252条1項に規定されており，原則としてはそ
の免責不許可事由に該当しなければ免責決定が出されます。主な項目は，

> ● 浪　費
> ● 廉価処分
> ● 偏頗行為
> ● 詐　術

です。

① 浪費等

　これは，「当時の資産・収入などの生活状況・経済状況からみて，分不相応な過大な支出をしたり，又は，賭博その他の射幸行為をしたことの有無」をいいます。要するに，収入から考えてそんな余裕もないのに，不必要に大きな買い物をしたり，全収入をギャンブル（競馬・競輪などの公営ギャンブルからパチンコなど）につぎ込んだり，風俗店に通うなどをすることで，借金を増大させたどうかを記載します。

　この浪費等で判断が難しいのは，

　「どのくらいのお金をつぎ込んだら浪費といえるのかわからない」

というところでしょう。でも，それは一定の金額的な基準があるわけではなく，その人の資産と収入から考えて過大な支出といえるかを判断しなければならず，個別に考える必要があります。時々，

　「10万とか20万とか，いくらならば浪費といえるのかはっきりしてほしい」

という人がいますが，生活状況や経済的状況は人それぞれなのですから，そのような一定の金額的な基準を求める方が間違っているでしょう。

　考え方の指針としては，月収から必要な生活費（食費・光熱費・教育費など）と保険料などの費用を差し引いて残る金額から推定するか，申立人（債務者）の年齢と収入から見合う「お小遣い」くらいの金額の範囲でおさまっているならば，浪費とは言い難いでしょうが，浪費・ギャンブルにつぎ込んだお金の月額が，その人の月収の半分以上，若しくは月収の金額を超えているような場合は，浪費にあたるといえるでしょう。

　一つの目安としては，「小遣い程度」の金額といえるかというラインであるかどうかでしょう。

② 廉価処分

　破産申立前に，クレジットで物品を購入し，それを購入価格・市販価格よりも安価で売却することです。いまは，インターネットサイトに数多くのオークションサイトがあるので，一般の人でも，「不要品」や「新品」として物を売ることができます。また，リサイクルショップや質屋でも買い取りをしているので，それらを利用して，物を売り，その

代金を生活費や返済に充てたり，中には遊興費にする人もいます。いずれにしても，購入段階でクレジットで購入し，破産開始決定を得たら返済しなくてもいい，と誰かから入れ知恵されたのでしょうか，そのような行為をする人がいます。代金を支払う意思がないのに物品をクレジットで購入するのですから，考え方によっては「詐欺」といえないこともないのですが，その点についてはここでは触れずに置いておきます。

　報告書への記載ですが，「品名」「購入時期・購入価額」「処分時期・処分価額」を物品ごとに記入します。

　廉価処分をする人の多くは，返済に困り返済資金をつくるためにやったり，中には「破産したら払わなくていいんだから，今のうちにたくさん買ってしまおう」なんてことを考えてやってしまう人もいるようです。このような人たちの傾向としては，やはり，「いけないことをやってしまった」という後ろめたい気持ちもあるようで，聞き取りをしても，正確に答えてくれない，又は

　「そんなことやっていない」

という人もいます。でも，クレジット会社への債権調査をしたり，カード利用明細をみると，物品の購入はわかりますから，それをもとに再度聞いてみると

　「やったかもしれないけれど，忘れた」

と答える人もいます。そういう人の多くは，本当は忘れていないもので，忘れたい，言いたくない，というのが本音でしょう。でも，それらを報告書に記載しなければなりませんし，記載しなければ，カード会社への債権調査の結果と矛盾・齟齬がでてきてしまいます。だから，一つ一つの物品について思い出してもらうようにします。

③　偏頗行為

　これは，全債権者への支払いができない状態になっていながら，ある特定の債権者に対してのみ返済をする行為で「偏頗弁済」ともいわれます。

　このようなことが起こる原因としては，債権者の中には，依頼者（債務者）の身内や親しい友人，お世話になった方々という人がいることが

あります。このような人たちも債権者ですから、破産開始決定が出され、免責決定が出た後は、返済義務はなくなるのですが、依頼者（債務者）が

「迷惑をかけたくない」

と思うあまり、こういう債権者に対してだけ返済をすることがあります。場合によっては、金融業者から借りたお金でそのような人たちに返済する人もいます。しかし、こういった行為は、一部の債権者を有利に扱い、その他の債権者を不利に扱うことになり、不公平を招きます。そのため、免責許可にあたって検討する原因とされています。

④ 詐　術

　簡単にいえば、相手を騙してお金を借りたことです。つまり、他人の名前を使ったり、生年月日・住所・現在の負債額などを偽って借金をしたり、クレジットで物品を購入したりすることがこれにあたります。おおよそ、破産申立前1年以内にこういった行為をしたことがないかを検討しますが、1年以上前であっても、その詐術によって得たお金の額が大きい（債務総額の半分以上を占めている）とか、借入行為の全てが詐術を用いたものであるような事情があれば、報告書に記載しておくべきと考えられます。

⑤ **過去の免責決定等に関する状況**

　あまり多いケースではないと思いますが、過去に破産手続開始決定が出され、免責決定を得たことがある人や、過去に個人再生手続を利用しその開始決定が出されたが、再生計画が遂行できず免責の決定を得たという事情のある人が依頼者（申立人）となることがあります。つまりは、「2度目」の手続をする人です。

　このような人が申立人となる場合、

ア　申立前7年内に破産免責手続を利用して免責の決定が確定したこと

イ　申立前7年内に個人再生手続を利用したが、再生計画の遂行が極めて困難となり、免責の決定を受けたこと

があれば，その破産（再生）裁判所，事件番号，免責決定確定日，再生計画認可決定確定日を記載します。

⑥　その他破産法所定の免責不許可事由に該当する行為の有無

①～⑤までの事項以外で，免責不許可事由に該当する行為がある場合は，その有無と，具体的にどのような行為があったのかを記載します。

⑦　裁量免責を得られる事実の有無

①～⑥までに該当する事由があっても，必ずしも免責不許可とはならず，外形的には免責不許可事由となる行為があっても実質は免責不許可事由に該当しない，又は免責不許可とするほどの悪性もないと裁判官が考えた場合，裁判官の裁量によっての免責許可決定が出されることがあります。これを「裁量免責」（破252条2項）といいます。

このように申立人（依頼者）に，免責不許可事由に該当しない，又は裁量により免責され得る事情があると考えられる場合は，その具体的な事由を記載します。

⑧　債権者の意見に対する反論

債権者が提出する債権調査票に債権者が，

「申立人（債務者）が住所や債務総額を偽って借入れをした」

「申立人（債務者）が住所や生年月日を偽って，他人になりすまして借入れをした」

など，具体的事実を指摘して，免責不許可に該当するという意見を記載することがあります。

あらかじめ，これらに反論がある場合は，その反論を記載しておきます。試験者の立場からすると，文句の一つでも言いたいでしょうから，中には単なる不平・不満や全く関係のないことを言ってくる人もいます。数多く破産申立ての事案を扱っていると，このようなことに多く出会い，

「またか……。」

と言いたくなることもあります。しかし，見過ごしてしまうといけないので，一つ一つ目を通して，免責不許可事由に関連あるかどうかを検討するようにします。

Case 10 そらくん, 裁判所に行く (書類の提出, 開始決定後の手続, 免責許可決定を受け取る)

198 第Ⅱ章 実践編 1

作成した申立書・添付書・添付資料を裁判所に提出します。

1 提出書類，その他必要なものの確認

裁判所に申立書等を提出する前に，必要なものがそろっているかを確認します

ここで，事務仕事をする上で自分なりの工夫をするようにします。そうすれば，ミスも少なくなり，スムーズに進むようになります。定型書類を使用しているのであれば，

---

① 書くべき箇所を全て書いているか（空欄はないか）
② チェックマークを入れる箇所に記入漏れは無いか

添付書類については，

---

① 原本を提出するものについて，発行日の日付は古すぎないか，指定された期間内に発行されたものか
② コピーを提出するものについては，鮮明にコピーできているか，Ａ４サイズに整えられているか

などを確認します。その他としては，

---

① 手数料相当額の収入印紙は貼付しているか
② 指定された券種に応じた郵券（郵便切手）は用意できているか
③ 予納金の準備はできているか

を確認します。

ここで注意すべきは，裁判所によって運用に多少の違いがあるということです。申立てに必要な書類としては，

① **申立書**
② **債権者一覧表**
③ **財産目録**
④ **報告書**

Case 10　そらくん，裁判所に行く（書類の提出，開始決定後の手続，免責許可決定を受け取る）　199

などは，どの裁判所でも共通しているものと思われますが，各裁判所では，
申立ての受付，事件の審理を円滑に進める目的で，これらの書類とは別に提
出を要請している書類があります。各裁判所で呼称や表題，種類は違います
が，次のようなものがあります。

- ①　**申立てチェックリスト**
- ②　**債権調査票**
- ③　**債権調査に関する報告書**
- ④　**事業に関する報告書**

申立前の準備段階で，提出する裁判所（管轄裁判所）は判明しているので
すから，その裁判所に事前に問い合わせて，必要な書類の種類を把握してお
くようにします。その際，「提出書類のリスト」を作って，提出前に確認で
きるようにしておけばよいでしょう。

2　裁判所への申立書類の提出

破産手続開始の申立ては，その申立人（債務者）の普通裁判籍の所在地を
管轄する裁判所に提出しますが（破5条1項，民訴4条2項），裁判所により
受付窓口に多少の違いがあります。

- ①　破産部が独立して存在する裁判所（大都市の裁判所）では，その専
門部の受付窓口に提出する。
- ②　通常の民事訴訟とは別に，特に保全・執行・破産などの事件を扱う
部署が設けられている裁判所では，その部署の受付窓口に提出する。
- ③　保全・執行・破産事件を含め全ての民事事件を一つの受付窓口で
扱っている裁判所では，その受付窓口に提出する。

各法律事務所では，よく利用する地元の裁判所（これを「ホームグラウンド
の裁判所」とします。）があり，その裁判所での運用には慣れていますが，事
案によっては，ホームグラウンドではない裁判所への申立てもあり，ホーム
グラウンドの裁判所とは違う運用にとまどうこともあります。ですので，事
案ごとに提出する裁判所がどこか，その裁判所での運用はどのようになって

いるかを事前に確認しておく方がよいでしょう。

確認の方法として，ホームグラウンドの裁判所とは違う裁判所への申立てをするケースを想定してみます。この事務所のホームグラウンドとなっている裁判所では，

---

① 申立書類としては，『申立書』『債権者一覧表』『財産目録』『報告書』『家計収支表』『債権に関する資料』『財産に関する資料』を提出する。
② 破産予納金を裁判所の出納課で納め，債権者に対する通知は，債権者数分の封筒を裁判所から預かって債権者への宛名書きをして，申立代理人の事務所で通知書を債権者数だけコピーをとり封筒に入れ，郵券（郵便切手）を貼り，発送の準備を整えた状態で裁判所に提出し，裁判所から各債権者へ発送する（つまり，郵券は納付しない）。

という運用方法が採られているとします。ホームグラウンドではない裁判所に提出するときは，その裁判所に電話して，裁判所書記官に運用について問い合わせるようにします。

提出する裁判所の運用方法がわかったら，後は書類を裁判所に提出します。

3 申立書類の提出から開始決定まで

ここからは，実際の裁判所で行われている手続の話になりますが，前述したように，各裁判所で多少の運用の違いがあるので，その点を十分に考慮して進めていくようにします。ここで，ある裁判所での手続の流れをもとに説明していきます。

4 破産手続開始決定後の事務手続

破産手続開始・廃止決定が出されると，申立人（申立代理人）に交付されます。交付の方法としては，直接担当部から受け取る方法と，郵送により交付されます。

他に，判明している債権者に対して，債務者（破産者）に対して破産手続開始・廃止決定が出された旨の通知を送付します（破32条3項）。通知は，裁

判所から発送するのですが，その準備の方法が各裁判所により多少の違いが
あり，

> ① 申立人（申立代理人）が封筒に各債権者への宛名書きをして，通知
> 　　書を封入，送付用の郵券を貼付し，それを裁判所に提出する。
> ② 発送用の郵券を裁判所に納付し，裁判所書記官が各債権者への通知
> 　　書の発送の準備をする。

のどちらかの方法が採用されているのがほとんどでしょう。申立てをした裁
判所がどちらの方法を採用しているかを確認し，それに対応するようにしま
す。

5 免責許可決定の申立て

　破産手続開始・廃止決定が出されたとしても，それで債務が免れるわけで
はなく，免責許可決定が出されて初めて債務を免れることができます。

　平成16年の破産法改正以前は，破産宣告申立てとは別に破産免責申立てを
しなければならなかったのですが，破産法が改正されて，破産手続開始申立
をすれば，特に別段の意思表示をしない限り，破産免責申立てをしたものと
扱われます（破248条4項）。

　破産手続開始申立に裁判所の定型書式を使用したならば，その中に「免責
申立をする」旨の記載がされているでしょうから，特に申立てをする必要は
ないでしょう。

(1) 免責異議申述期間 ─────────────────────

　破産手続開始・廃止決定が出され，各債権者へ通知がされると，そこに免
責についての意見を述べる期間が記載されています。これを「免責異議申述
期間」といいます。免責決定することに対して異議を述べたい債権者は，こ
の期間内に裁判所に対し異議を述べることができます。

(2) 免責許可決定 ─────────────────────────

　開始決定後，免責についての異議申述期間が経過し，裁判所が相当と判断

した場合，破産者に対し，「破産免責許可決定」が出されます。

　この免責許可決定が出され，それが確定すると，破産者は債務の返済義務を免れることになります。これは，債務は消滅せず，自然債務（返済義務の債務）となるので，債権者は請求することができませんが，破産者が自分から返済することはできます。つまり，債務は残っているが，返すか返さないかは，債務者（破産者）次第ということです。

第 III 章　実践編 2

破産管財事件の申立て

1 破産管財事件の申立て（法人）

(1) 破産管財事件とは

　破産手続を簡単に言えば，破産者が破産手続開始決定時に持っていた財産を換価し，それを破産債権者の債権の種類と債権額に応じて配当する手続といえます。このような配当手続を行うためには，実際にその業務を遂行する人が必要となります。そこで破産手続開始決定が出されると，「破産財団」が作られ，その破産財団に破産者（債務者）が破産手続開始決定時に持っていた財産を組み入れ（「帰属させる」といいます），それを管理し換価する業務を行う者として「破産管財人」が選任されます。このように破産財団が形成され，破産管財人が選任されるような破産事件を「同時廃止事件」に対して「破産管財事件」といいます。全国で扱われている破産事件のうち，その多くは「同時廃止事件」ですが，破産法の目的からすると「破産管財事件」が本筋といえるでしょう。

(2) 破産管財事件の受任

　まず最初は，依頼者が法律事務所を訪れ，弁護士が相談を受けます。依頼者はおおむね負債が増大し，経営・生活が立ち行かなくなった状態で来所するのであり，話を聞いて弁護士が方針を決めます。全ての相談が破産申立てになるというわけではなく，債務を整理する清算型としては法的整理としての破産や特別清算を行うほかに，法的手続によらず任意整理の方向で処理することもあり得ます。また債務免除を受けるなどにより再生を図る再生型としては，法人の場合は法的手続として民事再生，会社更生，特別調停や任意整理もあり，個人の場合は民事再生，個人民事再生，特別調停と任意整理などがあります。

　いずれにしても，どの方法を選択するかは，弁護士が相談者の状況（資産額と債務額の比，再生の可否など）を把握し，相談者の希望を踏まえ方針を決定します。今回は，再生の可能性が無く，破産手続の申立てをするという方針に決まったとして，話を進めていきます。

　破産手続にも，同時破産廃止や管財事件などがありますが，法人が申立人となる場合や申立人にある程度の財産がある場合は，管財事件の申立てを選

択することになります。

　破産管財事件の申立てを弁護士が受任した場合，**目的は破産管財人に管財業務が開始できる状態で引き渡すことです**。現実には，申立代理人の態度というか性格というか，きちんとした形で管財人に引き渡す人もいれば，適当にして引き渡す人もいる，というのが現状です。それはさておき，やはり引き受けたからにはきちんと整理して引き渡せるようにしたいものです。

　破産管財事件として申立てをする案件は，「破産財団を構成する財産がある」ことが前提なので，申立てに際し用意する資料や作成する書類が同時廃止事件とは多少の違いがあります。また債権者の混乱を防ぐため内密に申立ての準備を進めることもあります。そのために適切な準備ができるように基本的な知識等を習得しておくことが必要でしょう。

　① 依頼者への説明

　破産手続を選択することになった後，弁護士は依頼者に対して破産手続について説明します。説明する内容としては，

　ア　破産手続をすることのメリット・デメリット
　イ　破産手続開始決定が出された後，説明義務，住居制限，郵便物の転送などの制約があること

などです。

　さらに，申立てまでのスケジュール，申立費用，弁護士費用などについての説明をしたうえで，債権者への弁済をしないこと，特定の債権者への返済をしないことなどを説明します。

　事務職員としては，後日，依頼者が同じことを問い合わせてきたときのために弁護士が依頼者に説明した内容は記録しておくようにします。このあたりは，同時廃止事件の受任のときと同じです。

　② 依頼者からの聞き取り

　次に，破産手続開始申立てをするために，依頼者から申立てに必要な事項の聞き取りをします。聞き取る内容としては，

ア	負債の総額，債権者数，債権者名，債権者住所・電話番号
イ	所有している財産の種類，預貯金額，所有不動産の有無
ウ	破産申立てに至った事情等

です。そのうえで，破産申立てまでにどのような手順になるか（受任通知の発送，債権額の調査，申立ての時期）を説明します。そのほかに法人や個人事業者の破産申立ての場合は，**経理担当者の協力が必要となることを説明し，経理担当者から聞き取りをする必要がある**ことを説明します。この点が，法人や事業者の破産事件受任の特徴です。

　依頼者からの聞き取りでは，弁護士側が聞くだけではなく，依頼者側も弁護士に対していろいろ聞いてきます。依頼者は，わからないこと，不安なこと，全てにおいて弁護士にアドバイスを求めてきます。

　　　「取引先には，何と言えばいいのか」

　　　「従業員には，いつ話せばいいのか」

　　　「銀行の担当者が来るけど，どうしたらいいのか」

などです。依頼者との打合せ中にこのような質問があれば，弁護士がその場で適切な回答・アドバイスをするでしょう。事務職員としては，その回答・アドバイスをよく聞いておくことが重要です。なぜなら，不安な状況下にある依頼者は，よく聞いていなかったり，しっかりと理解できないでいることがあり，後々，同じことを聞いてくることがあるからです。また，弁護士が依頼者にしたアドバイスをしっかり理解しておくことは，その事件の方針を理解するうえで重要なことだからです。

③ 依頼者からの問合せ

　依頼者からの聞き取りが終わって，一旦，打合せが終了したとします。しかし，この後によくあることとして，依頼者からの電話での問合せがあります。

　法律事務所で受ける仕事は，全てにおいて個々人の生活等に重大な関わりがあるので，十分な経験と慎重な対応が要求されます。一般の民事事件（貸金返還，建物明渡し，交通事故の損害賠償請求など）でも，依頼者にとっては重大な問題であり，不安を抱えた人が多いので，依頼者の対応，事件に関する事務処理は十分に注意して行わなければなりません。ましてや受任した案件が，株式会社の破産申立てであれば，相談にくるのは，その会社の代表者（社長など），役員，管理職クラスの人たちでしょう。株式会社の破産申立ては，その相談者個人の問題であるとともに，その会社で働く多くの従業員とその家族，その会社と長年取引してきた取引先，その他多くの関係者の人生，生活を巻き込むことになりかねず，そういう人々に対する責任やこれからどうなるかわからない先行きの不安と恐怖，自らの判断ミスで経営を傾かせてしまった自責の念，連鎖倒産のように倒産原因が他社（他者）によるもので

あればその者に対する怒りなど，様々な思いを巡らせているので，外見では落ち着いているように見えても，精神的には相当不安定な状態にあるものです。そのような中で，破産申立てをすると決めたけれど，

　　　「本当にこれでいいのだろうか」

　　　「もっと他に方法はないのだろうか」

　　　「取引先に迷惑をかけずにすむ方法はないのだろうか」

など，いろいろ考えてしまい，時には特に聞くべきこともないのに事務所に電話をかけてくるという人もいます。

　私の経験上，初期の段階で依頼者が連絡してくる内容としては，先に挙げたものの他に，次のようなものがありました。

　　ア　「何とか破産をせずにすむ方法はないのか。」

　　イ　「今はだめでもこの先，少しは（業績が）上向きになるかもしれないので，そこまでがんばりたいが，どうしたらよいか。」

　　ウ　「取引先や（連帯）保証人になってもらった人たちのためにも最後までがんばって，それでだめなら破産するので，今はまだ破産したくない。」

　ア～ウのどれも，突き詰めてみれば「破産をしたくない。」という思いが根底にあるのでしょう。アイは，破産をしたくないが故に何とか理由をつけて破産申立てをやめようとするのでしょうが，だからといって，事業，仕事をがんばって再起しようとすることはしないでしょう。というより，弁護士に相談に来て破産申立ての方針が決まっている状態では，再起は不可能と考えるべきでしょう。特にイでは，「上向きになるかもしれない」という根拠も何もないことを理由としているのですから，うまくいくわけがないことはよくわかりますよね。

　ウの場合は，自己満足といいましょうか，結局は，関係者に対して

　　　「私は最後まで立て直そうとしてがんばったのですけれど，できませんでした。申し訳ありませんでした。」

といえば，関係者は許してくれると思っているのでしょうか，やれることは全部やってから破産をする，ということを考えているのでしょう。一見，最後までがんばったけど，だめだったから「仕方ないね。」となるのかと思い

ますが，おそらくそうはならないでしょう。もはや立て直しが不可能と思える状態であっても，資産がわずかでもあるのであれば，それが目減りしないうちに破産申立てを行い，債権者にわずかでも配当するという方法を選択した方が，関係者（債権者）は，まだ納得するかもしれません。しかし，「最後までがんばる」（何をがんばるのかわかりませんが）という半ば自己満足のために，わずかながら残っている資産を費消してしまい，そこから破産申立てをしても，債権者に配当するべき原資がなくなり，債権者にとって多大なる迷惑になります。そもそも「最後までがんばる」といいますが，既に現時点がその「最後」なので，これ以上なにかをすると傷口が広がるだけで，いいことは何もない，ということです。

　依頼者からの問い合わせとして，次に多いのが，「破産するのは仕方がない。だったら，何とかして今持っているものを残す方法はないか。親兄弟・親戚・友人だけでもなんとか迷惑かけずにする方法はないか。」ということの相談です。具体的には，

　　ア　「家だけは残したいので，子どもの名義に変更しようと思うが，どうすればいいか。」
　　イ　「預金を全部，妻の名義の口座に移そうと思うが，問題にはならないよな。」
　　ウ　「両親や親戚に借りている分を返してから破産しようと思うが，大丈夫だよな。」

というものです。

　アイは，破産して財産を失うのを回避しようとしているもので，早い話が「財産の隠匿」です。破産するのはやむを得ない，でも，なにもかも無くなってしまうと，その後どうやって生活していけばいいのかわからないから何とかして今持っているものを手元に残るようにしよう，としていろいろ考えるのでしょう。でもこれは本来的には破産財団に入るべき財産を隠匿する行為なので，免責不許可事由（破252条1項1号）にあたります。

　ウは，偏頗弁済といって，特定の債権者のみ優遇して利益を与える行為になり債権者平等の原則に反し，これも免責不許可事由（破252条1項3号）にあたります。

ですので，依頼者が「○○してよいか」という問合せをしているのですが，答えは当然に「ダメ！」となります。この説明と回答は弁護士がすることで，事務職員は弁護士から特に指示を受けている場合を除いて回答するべきではありません。ただ，人間，先行き不安な状態で財産を残そうと画策しているとき，弁護士から「NO！」と言われたけど，あきらめきれない人は，次に事務職員に対して聞いてくることがあります。

> 「先生はダメって言ったけど，あなたはどう思う？」
> 「あなたでいいから，答えて。」
> 「何とかして下さいよ，そのための弁護士でしょ！なのに先生はダメって言うんですよ。これ，ダメって言われたら，どうしたらいいの！死ねっていうのか！！」

などなど，いろいろな聞き方をしてくるでしょう。でも，ここは弁護士が「No」と言っている以上，事務職員としては個人的にはどう思っても，答えるべきではないでしょう。その旨をはっきりと伝えるか，あらかじめ，このようなことを想定して弁護士に相談して指示を受けておくようにするべきです。つまりは，弁護士が代理人となって破産申立てをする以上は，債権者平等の原則に反する行為，財産の散逸・隠匿につながるような行為がなされないようにするべきです。

これらのことについて，弁護士が事務所に在席していれば，そのまま弁護士から回答してもらうようにしますが，弁護士が接客中，打合せ中，又は外出中などの場合は，事前に弁護士から指示を受けていたのであれば別ですが，原則は回答せずに用件を聞いて弁護士に伝え，弁護士から回答してもらうようにします。

依頼者の中には，すぐに答えてほしい，返事がほしいと思い，

> 「あなたでいいから答えて」
> 「簡単なことだから教えて」

と強く迫ってくる人もいます。しかし，たとえ回答したことが正しくても，誤って理解されてしまうこともありますし，依頼者の中には「私は，○○○と思うのですが，これでいいんですよね。」と自分の考えに同意を求めてきたり，それを否定すると突然怒り出したりする人もいます。

また，破産申立てを回避したいと思っている依頼者は「弁護士と話しても
わかってもらえない。」と思い，事務職員に相談しようとする人がでてきま
す。

　　「先生は，こう言ってたけど，あなたはどう思う？　私が言ってるこ
　　と，正しいでしょ。」又は，
　　「私の言うこと，間違ってないでしょ。」

などなど。つまり，このような人は事務職員に同意を求め，自分の言うこと
に賛同してもらおうとするのです。ここで，事務職員として大事なことは，
弁護士から特に指示を受けていないならば，

　　「決して答えてはいけない。」

ということです。「依頼者が困っているのに，何も答えないのはよくないの
ではないか。」「依頼者のためになるのだから，一緒に考えてあげるべきじゃ
ないのか。」と思う人もいるかもしれません。しかし，相談に答えたり，考
えるのは弁護士の仕事で，事務職員の仕事ではありません。また，弁護士の
方針に反して，事務職員が違った方針を依頼者に伝えるのは，あってはなら
ないことです。依頼者から頼られたら何とかしないといけない，ではなくあ
くまでも事務職員の立場としての職分を逸脱しないようにしなければなりま
せん。

　つまりは，依頼者からの問合せには，原則として弁護士に回答してもらうよ
うにすべきで，事務員が回答するのであれば，事前に弁護士から指示を受け
ておくようにするべきでしょう。

　いずれにしても，依頼者は多くの疑問と不安を抱えた状態なので，弁護士
へ何度も問い合わせ，質問を繰り返してくるでしょう。事務職員としてはそ
のたびに丁寧に応対し，依頼者を不安にさせないようにして，内容を的確・
正確に弁護士に伝達するように心掛けるようにします。

2 破産管財事件の申立準備（法人の場合）

216　第Ⅲ章　実践編 2

(1)　資料の収集

　会社の破産手続開始申立では，取引銀行や営業での取引先，従業員など多数の人が関係しているので，迅速に準備を進め，できるだけ早急に申立てをしなければならないケースが多いです。そのため，必要な資料，書類等をできるだけ早く集めるようにします。必要と考えられるものは以下のとおりです。

①　会計・経理関係，売上関係の書類

　　決算書（最低でも２年分），総勘定元帳，現金出納帳，預金出納帳，売掛台帳，買掛台帳，手形・小切手帳，預金通帳，出資証券など経理関係の帳簿，営業による売上関係の書類を確保することが必要です。コンピューターにより経理のデータを管理している会社では，そのデータのバックアップをとるなどの方法により確保しておきます。ただ，そのデータが一般に普及しているビジネスソフトや会計ソフトで起動するもので，同じソフトが申立代理人が持っているパソコンにインストールされていればよいのですが，その会社が使用していたパソコンがリース物件で特殊なソフトで起動するものであれば，そのパソコンをリース会社に返還せずに使用を続けることができるように手続をするか，もしくは全てのデータをプリントアウトして保管するようにします。

　　ただ，会社によっては，特に個人事業に近いような会社では，経理関係の帳簿類が備えられていないことがあります。また，会社であっても経営破綻する前は帳簿類の記入ができていないこともあります。その場合は，あわてて記入するのではなく，代表者や経理担当者から事情を聞いて，会計書類に不備があることの上申書を添付するようにします。

　　貸借対照表及び損益計算書は，破産申立ての添付書類となるので確保が必要ですので提出してもらうようにします（破規14条３項４号）。

　　経理担当者がまとめてくれた負債状況などの資料の裏付けをとるためにも，会計帳簿類を確保しておくようにします。

> **確保すべき資料**
> a 決算書（少なくとも直近年度から2年分）
> b 税務申告書控え（少なくとも直近年度から2年分）
> c 帳簿・コンピューター内部のデータ

② 従業員の給料等についての資料の確保・整理

　労働協約，賃金・退職金規程，給与台帳，就業規則など，従業員の給与・退職金に関する資料を確保します。

　従業員は，破産手続開始決定前に解雇するのですが，従業員にとって給料が入らないのは死活問題になるので，申立代理人としては，破産手続申立前に従業員に対し，解雇予告手当と未払給与等の労働債権を全て支払うことができればよいのですが，そうはいかない状況もあるでしょう。その場合は，未払給与と未払退職金については，労働者健康福祉機構の立替払制度を利用してもらうことになります（解雇予告手当は立替払の対象外）。その利用のために，破産管財人に賃金台帳，退職金規程，その他給与や退職金の計算に必要な資料を引き継げるように確保しておく必要があります。

　なお，申立前（申立代理人が申立準備をしている段階）に，従業員に労働債権が弁済できなかった場合は，従業員は破産財団から弁済を受けることになりますが，未払給与のうち財団債権となるのは，破産手続開始前3か月分に限定されているので，未払給与が残ったまま従業員を解雇した場合，迅速な申立てをしていれば未払給与は財団債権となり優先的に弁済を受けられるのですが，申立てが遅れたために，財団債権とはならず優先的破産債権となってしまうことになり，申立代理人の責任問題となる可能性もあるので，その点については注意をする必要があります。

> **確保すべき資料**
> a 給与台帳
> b 賃金・退職金規程，就業規則

③ 不動産関係資料の確保・整理

不動産登記事項証明書，登記識別情報（登記済権利証），固定資産評価証明書，不動産賃貸借契約書などを確保しておきます。

会社が本社・支社・営業所として使用している不動産が所有物件か賃貸物件でしょうから，破産手続において売約は契約解除することもあり得るので，その資料を破産管財人に引き継げるように確保しておきます。ケースによっては，申立前に申立代理人が売却や契約解除をすることもあり得ますが，その場合は，売却代金や賃貸借保証金の返還金を保管，それを支出した場合はその使途明細を残しておき，破産管財人に引き継ぐようにします。

確保すべき資料
a 登記識別情報（登記済権利証）
b 不動産登記事項証明書・固定資産評価証明書
c 不動産賃貸借契約書

④ その他必要な資料の確保

申立人となる会社の内容によっていろいろ違う部分があるのですが，破産申立てにあたり確保しておくべき資料として考えられるものとして以下のものがあります。

ア 車両や事務機器・什器備品のリース契約書，車検証，車両・重機の査定書
イ 保険・共済証券
ウ 知的財産に関する書類
エ 取引先との契約書類

(2) 破産予納金の準備

破産予納金の額は，破産事件を受理した裁判所（破産裁判所）が決めます（破22条1項）。金額は，破産債権の額，破産財団の状況（どのような財産があるか，容易に換価できるかなど），債権者の数，その他の事情などを総合的に考慮して決めます（破規18条1項）。だから，本来は破産予納金の額というも

のは，破産事件の申立てがあった後に裁判所が決めるので，申立てをしないと予納金の金額がいくらになるかわからないということになります。

でもそうすると，申立人の側では，破産予納金としていくらくらいの金銭を準備しておけばよいかわからなくなります。そこで，各地方裁判所では，一定の基準を設定しています。どのような基準を定めているかは各裁判所によって異なるのですが，大きく分けると

> ① 自然人（個人），法人とも一律に一定額を定め，特に事案として困難が予想される場合，さらに一定額を加算する。
> ② 申立人の負債額（破産債権となる額）をいくつかに分類し，それぞれにおいて金額を定める（負債額5,000万円未満は20万円，5,000万円以上1億円未満は50万円，1億円以上は100万円など）。

の2種類に分類されると思われます。その他に「法人とその代表者」「夫婦」のように近接した関係にある2者が同時に申立てをする場合で，一方には財産がほとんど無いような時は，2件合計でいくらにするなどの措置をする裁判所もあります。

平成16年に破産法が改正される以前は，管財事件の場合は，自然人（個人）で50万円，法人で100万円というように設定されていたこともありました。しかし，バブル経済破綻後の景気低迷による企業倒産の増加，個人破産の増加などに対応し得るよう，予納金を低廉な額で破産申立てができるように法改正されました。この低廉な額の予納金の基準が適用されるためには，申立前の段階で，預貯金の確保，賃貸物件の契約解除・明渡しなどの財産整理や売掛金・その他の債権の回収などの業務を申立人の側で行う必要があります。そうすることで管財人の業務が軽減されることになるからです。しかし，これでは管財人としての業務が定型的になり，申立代理人の負担が大きくなり，さらには申立代理人の業務遂行段階で申立人（破産者）の財産の大部分を費消し，申立後にほとんど残っていないという事態になることもでてきたので，近年では裁判所の基準が，申立前の段階で財産整理や債権の回収などの業務を行わずに申立てを行い，破産管財人に引き継ぐようにするという方式に変わる傾向にあります。

ただ，裁判所で設定している基準は，あくまでも目安としているものであるので，債権者数が多かったり，財産が多岐にわたり収集や確保のために訴訟提起が必要になるなど，管財業務に困難が予想されると考えられる場合は，基準額より多い予納金が必要となることがあります。

これらのことを考慮して，破産予納金を確保しておきます。そのために預貯金・保険を解約したり，物品を処分したりする必要がでてくるかもしれませんが，どのような財産を処分していくらになったなどを明確にして管財人に引き継げるようにしておかなければなりません。

⑶　債務の内容の調査

①　受任通知発送・債権調査

申立代理人として，まずは，債権者に受任通知と債権調査票を発送し，依頼者が負っている債務の内容について調査をします。

負債（借金）の内容を帳簿類から一つずつ拾いあげていくことは，時間がかかります。また，株式会社のような法人の場合，請求書などの書類もあるでしょうが，会社となると規模は小さくとも経理は複雑になっているもので，書類上から判明しないものもあるかもしれません。ですから，会社の経理担当者等の協力が必要不可欠であり，会社の破産事件では，規模の大小にかかわらず，信頼のおける従業員，特に経理・総務の担当者の協力を得るようにしてもらいます。特に経理関係は，社長・専務などの役員クラスの人たちには詳細まで把握できていないことが多いでしょうから，月々の収支状況を把握するためにも従業員の協力は必要不可欠となります。この点については，相談にこられた方（社長や専務などの役員の場合が多いでしょう）に依頼して，経理担当者の協力を求めるようにします。経理担当者には，現在の負債の状況を一覧表にしてもらうなどして，負債（借金）の状況をできるだけ明確にしてもらいます。このように現時点での負債状況（債権者名・債権額など）を経理担当者にまとめてもらうようにすれば，今後の準備がスムーズに進むでしょう。

経理担当者から負債の状況の報告や決算書類の提出をしてもらい，決

算書類の中の「貸借対照表（バランスシート）」の負債部分で確認します。
「貸借対照表」の仕組みは？というと，表の縦に真ん中で区切られていて，左側を借方，右側を貸方といい，借方に「資産」，貸方に「負債」と「純資産」が記載されています。この「負債」の部分が，依頼者たる会社の借金部分です。「貸借対照表」で負債を確認したら，さらに「勘定科目内訳明細書」で内容を確認します。勘定科目内訳明細書とは，貸借対照表や損益計算書とともに法人税の確定申告の添付書類とされているもので，決算書の勘定科目ごとの詳細を記載したものです。その他の書類とも照合し，決算書類からある程度の債権者名と債務額が判明します。

さらに，依頼者が持っている債務に関する資料（契約書，請求書，督促状，引落しや振込の記載のある預金通帳など）から，

> ア　債務者名（個人名・屋号・商号など）と法人の場合は代表者，住所地又は本店所在地
> イ　債権額，債権の発生原因（金銭の借入れ，購入物品の代金など）

を確認します。債権者が法人である場合は，法人の登記事項証明書などを確認した方がよいでしょう。これらの事項については，後々に「債権者一覧表」を作成するために必要なので，「債権者一覧表」の書式にまとめていくとよいでしょう。

調査する債権は，銀行や消費者金融などの金融機関からの借入れ，取引先に対する未払金，公租公課の未払，社会保険料の未払，リース料金の未払，光熱費・電話代の未払等のほかに，法人の代表者が友人・知人・親族から借り入れたものも含みます。この友人・知人・親族ですが，依頼者によってはこれらの人たちは債権者に含まれないと考えていることもあるので，そのような誤解がないようにする必要があります。

また，個人（自然人）の破産申立ての場合は，各債権者の債権額を調べ，そのうえで利息制限法に基づく引直計算をして債務額を確定させ，その結果，債務額が当初より少なくなり，破産申立てではなく，裁判手続によらずに任意で弁済交渉をする（任意整理，債務整理などとよばれて

2　破産管財事件の申立準備(法人の場合)　223

います）という方針に変更する場合があります。しかし，法人，特に株式会社の破産申立ての場合は，個人（自然人）に比べて債務額が大きく，債権者も銀行や信用金庫などの金融機関のほか，取引先であることが多いので，利息制限法に基づく引直計算をするケースはほとんど無いことが多いでしょう。

　以上の整理ができると，次の段階としては，

　ア　債権者に対し，債務者の代理人となった旨の通知書（受任通知）
　　　と債権の内容を申告してもらうための「債権調査票」を債権者宛
　　　に発送する。
　イ　債権者に対し，通知書等を発送せず，手元にある資料のわかる
　　　範囲で債権者一覧表を作成する。

のどちらかを選択することになるでしょう。申立代理人としては，債権者に対して代理人となったことを通知し，以後は債務者への直接の連絡や請求・督促は控えてもらうこと，及び，債務額やその債務が発生した原因を調べることが必要となるので，そのためには債権者に直接確認することが確実であることから，受任通知と債権調査票の発送をすることが通常といえるでしょう。しかし，法人の破産申立て，特に株式会社の場合は，各債権者に対して債権調査票を送ることをしなくても，帳簿類が整っているのであればそこから債権者情報（氏名・社名・住所など）と債権額（債務額）は判明するでしょう。また，大規模な会社の場合，債権者に対して破産申立予定である旨を告知すると，債務者の信用失墜により取り付け騒ぎや債務者の財産への差押え，強引な取立てなどが起こらないとも限らないので，そういうことが予想される場合には，受任通知・債権調査票を発送せずに破産申立てを行ったり，申立後に受任通知を送付したりすることもあります。

　さらに，税金などの公租公課を滞納している状態でその公租公課庁へ受任通知を発送すると，依頼者である債務者の財産に対して「滞納処分に基づく差押え」をする可能性があります。そうなると，後々の破産申立てのスケジュールや破産管財人の業務に影響が出てくることもあり得

ますので，公租公課庁への通知の発送は慎重にならざるを得ません。

　どの方式を選択するかは，弁護士が判断しますが，受任通知や債権調査票の書式は，各法律事務所によって多少の違いはあるでしょうが，内容は共通しているでしょう。

　債権関係の書類については，あらかじめ経理担当者や弁護士の聞き取り内容を基に，債権者一覧表の素案を作成しておき，債権調査票が返送されてきたら，依頼者の持っている資料，会計書類などを参考に債権者一覧表の作成に着手します。

【「受任通知」の書式】

平成30年　　月　　日

債　権　者　各位

　　　　　　　　住　所　　大阪市淀川区○○町○丁目○番○号
　　　　　　　　旧住所
　　　　　　　　債務者　　株式会社　○○○○
　　　　　　　　　　　　　代表取締役　△△△△

　　　〒***－****　大阪市北区西天満○丁目○番○号　○○ビル○階
　　　　　　　　　（TEL　06－63**－****　FAX　06－63**－****）
　　　　　　　　債務者株式会社　○○○○代理人
　　　　　　　　　　　　弁護士　○　○　○　○
　　　　　　　　　　　　（担当事務：○○）

　　　　受任通知及び債権調査へのご協力のお願い

拝啓　貴社（殿）ますますご清栄のこととお慶び申し上げます。
　当職は，債務者株式会社○○○○（以下，「○○○○」といいます。）より委任を受けた代理人弁護士として本書を呈上いたします。
　さて○○○○は，近年の不況のあおりを受け，業況が悪化，売上げの低下などにより，債務超過に陥り，検討の結果，やむなく破産手続開始申立をするとの結論に至りました。

2 破産管財事件の申立準備(法人の場合) 225

　つきましては，まず，御社の○○○○に対する債権額を確定する必要がありますので，ご多忙とは存じますが，同封の「債権調査票」に必要事項をご記載のうえ，御社と○○○○との借用書又は契約書の写し等債権の存在を明らかにする書面と共に，当職宛までに速やかにご送付くださるようお願い申し上げます。

　また，その際，金融機関様または金融業者様，その他ご融資を頂いていた方々は，当初契約分から現在までのすべての取引履歴のご送付をお願いいたします。

　最後になりますが，本件に関しましては，当職が一切の権限を受任しておりますので，今後のご連絡等はすべて上記当職事務所宛に頂きますようお願いいたします。御社には誠にご迷惑をおかけいたしますが，○○○○の窮状をご賢察くださりご協力頂きたくお願いする次第です。

【「債権調査票」の書式】

　　裁判所提出用書式

　　　　　　　　　　　　　　　　　　債権者番号　　　　　　　　　＊

弁護士　　　　　　　殿＊

　　　　　　　　　　　債　権　調　査　票

債務者氏名　　　　　　　　　　＊　　（屋号又は旧姓）　　　　　　　＊

1　債務者に対する債権
　　□有（以下の項目へ）　　　　　□無（平成　　年　　月　　日完済）
　　　　↓

　(1)　債権の種類
　　　□　貸付金，□　立替金，□　売掛金，□　保証
　　　□　その他（　　　　　　　　　　　　　　　　　　　　　　）

　(2)　債務者の地位
　　　□　主債務者（保証人　□有：氏名　　　　　　　　　　　　□無）

□　保証人　（主債務者　　：氏名　　　　　　　　　　　　　　）

(3)　取引内容
　①　最初の借入れ等　平成　　年　　月　　日　　　　　　　　円
　②　最後の借入れ等　平成　　年　　月　　日　　　　　　　　円
　③　最後の返済　　　平成　　年　　月　　日　　　　　　　　円

(4)　債権残高（回答日現在）
　①　残　元　金　　　　　　　　　　　　　　円
　②　利　　　息　　　　　　　　　　　　　　円
　③　遅延損害金　　　　　　　　　　　　　　円
　④　合　　　計　　　　　　　　　　　　　　円

2　債務者の破産又は免責に関する意見
　□　特に意見はない。
　□　以下のとおり意見がある（下の空欄に具体的事実をお書きください）。

　　　　　平成　　年　　月　　日
　　　　　　御住所
　　　　　　お名前・貴社名　　　　　　　　　　　　　　印
　　　　　　　　担当者名
　　　　　　　　電話番号　　（　　　）　　　－
　　　　　　　　FAX番号　　（　　　）　　　－

② **債権者からの問合せ**

　金融機関や金融業者以外の債権者，例えば友人・知人でお金を貸した人や，個人的に物品を売り，代金をまだもらっていない人など，金融業者とは違い，破産手続についてはよくわからないうえに，お金を返してもらえない，代金を支払ってもらえないということで，人によってはかなり興奮して，又は破産をするとお金を返さなくてよいということに対

する怒りから電話してくる人も多いです。そのような場合，弁護士に応対してもらうようにして，もし弁護士が不在の場合は，再度連絡をしてもらうか，こちらから連絡する等，どのように応対するかを弁護士から指示を受けておくようにします。

債権者からの問合せ事項として考えられることは，

ア　債務総額はどのくらいか
イ　代表者とその家族，親族は一緒に破産申立てをするのか
ウ　債務が少額な場合，返済できないか

などを聞いてきます。事務職員が電話を受けて，弁護士につなぐのであれば問題ないのですが，弁護士が不在で，回答できないとき，債権者によっては，

「そんなことくらい，返答できるだろう。」

と回答を求めてくることがあります。しかし，事務職員としては，弁護士の指示なく勝手に回答することはできないので，あらかじめ債権者からの問合せに対しては，どこまで回答するべきかを弁護士から指示を受けておき，それ以外の範囲の回答を求められたら，回答せずに，弁護士が事務所にいる時間帯に改めて電話をもらうか，こちらから連絡するかを伝えるようにすべきでしょう。

その他，債権者ではない人（信用調査会社など）から電話がかかってくることもあります。基本としては部外者になるので回答しないようにするのが原則でしょう。

実際にあった債権者からの問合せを例にとって対応の方法を考えてみましょう。

＊＊＊

（信用調査会社からの問合せ）

信用調査会社　「株式会社○○さんの破産申立の件でおたずねしたいのですが。」

事務員　「あの，御社は株式会社○○さんとどのようなご関係ですか？」

信　「いえ，弊社は，××信用調査リサーチです。ご存じですよね。」

228 第Ⅲ章 実践編 2

事 「はい，御社のことは存じ上げております。」

信 「ですから，株式会社○○さんの破産申立の件で，申立ての時期と債務総額，債権者数を教えてほしいのでけど。」

事 「あの，依頼者のお名前や受任の有無など，無関係の方にはお話できません。」

信 「いや，あの，こちらは××信用調査リサーチですよ。」

事 「はい。わかっております。」

信 「だったら答えてくださいよ。」

事 「これ以上，お話できませんので，失礼します。」（電話を切る）

＊＊＊

　このケースでは，信用調査会社が，株式会社○○の破産申立の件を債権者のだれかから聞いて，その内容を代理人弁護士に問合せしてきたのでしょう。

　たとえ，その信用調査会社が名の通った会社だとしても，受任した事件では第三者であり，知り得た情報を契約者に有料で頒布するのが目的ですから，安易に問合せに答えることはするべきではありません。

　しかし，こういった信用調査会社や金融機関は，自社の名前を出せば簡単に質問に答えてくれると思い込んでいる人が多いのも事実です。法律事務所の事務職員としては，受任した事案の内容は，守秘義務があるので安易に第三者からの問合せには，たとえその相手がどういう会社か，どういう金融機関かを知っていても答えるべきではありません。また，その電話ではその相手が本当にその信用調査会社の社員かどうかもわからない状態ですので，決して答えるべきではありません。

(4) 財産状況の調査，確保

　次に，申立代理人として，依頼者である法人の資産関係の調査をします。
　破産申立てをするにあたり，申立人の財産関係については「財産目録」を作成するので，申立前に申立人の財産状況を調べて，財産が散逸しないように確保しておく必要があります。その他に，破産申立てに必要な費用が捻出できるかを確認したうえで，その分を管財人に引き渡す財産とは別に確保しておきます。
　破産に必要な費用としては，申立時に必要となる「申立手数料」（＝収入印紙代）「郵券代」「破産予納金」，その他には，関係各所へ書類などを発送するための郵送料，「法人登記事項証明書」「不動産登記事項証明書」「固定資産評価証明書」の交付手数料などがありますが，その他に諸々の費用があ

る程度かかると考えておきます。各法律事務所では，破産申立てにかかる費用は，着手金の中から負担するか，あるいは着手金とは別に一定額の費用を預かるか，着手金とは別に破産予納金の分だけを預かるかなど，いろいろなやり方があると思いますので，どれが正しいということはありませんから，事務所（弁護士）の方針に従うようにします。

手始めに，依頼者の本社（本店），支社（支店），営業所，倉庫などの場所を確認し，それぞれの場所で保管している印鑑，通帳，現金，不動産登記識別情報（不動産登記済権利証），などを保管します。

次に会計書類である確定申告書，決算報告書などを確認し，実際に存在する資産を確認します。これは，破産申立時に提出する「財産目録」を作成するうえで必要なことですので，できるだけ詳細に特定するようにします。また，これらの財産は，破産手続開始後に破産財団を構成する財産となるので，破産管財人に引継ぎができるようにしておく必要があります。現在では，経理関係の書類が帳簿類で保管している法人もあれば，コンピューター内のデータで保管している法人もあるので，いずれにせよ帳簿・データを確保しておくようにします。

法人の破産申立てのために調査すべき資産としては，以下のものが考えられます。

① 現金
② 預貯金
③ 手形・小切手
④ 売掛金
⑤ 在庫商品
⑥ 貸付金等の債権
⑦ 不動産
⑧ 設備機械，什器備品
⑨ 自動車などの車両
⑩ 電話加入権
⑪ 株券，社債，国債，会員権など
⑫ 賃借保証金，敷金返還請求権
⑬ 保険（保険金請求権，解約返戻金請求権）

以下，これらを個別に考えてみます。

① 現金の保管・管理

　　破産手続開始申立を準備する途中でも必要な費用や代表者の生活などにともなう費用が必要になります。申立費用などは，弁護士が受任時に申立人から受領しているでしょうから特に問題はないと思いますが，代表者の生活や，法人の破産申立準備のために従業員が活動して，そのために費用が発生することがあります。

　　この段階で，依頼者に多少の現金が残っていることがありますが，そのような支出はここから使うことになるでしょう。破産申立前なので不必要な支出は避けるべきですが，必要不可欠な支出はやむを得ません。ですから，領収書などをもらうようにして，できるだけ「何のために，いくら使ったのか」がわかるようにしておく必要があります。

　　破産申立て直前の現金の動きは，その適否について破産裁判所若しくは破産管財人の判断に委ねられるので，現金の使途については明確に説明ができるように領収書などをそろえておくようにします。また代表者が，親族や従業員から運転資金を借り入れていると，迷惑をかけたくないという思いから，申立前に手持ちの現金で弁済しようとすることがあります。しかし，一部の債権者のみに返済するのは「偏頗弁済」にあたり，破産管財人により否認される可能性が高い行為なので，そのようなことはしないように理解してもらうようにします。

　　法人，特に会社であれば現金は経理に保管している現金（会社の運営に必要な資金）と営業部門で代金として回収した現金のほか，店舗を構えているのであればその店舗に保管している釣り銭その他店舗での売上金などがあります。多くの場合，現金は金庫やレジスターの中にあるものですが，それぞれの担当者に確認のうえ，申立代理人で保管しておくようにします。

　　現金の保管は，破産手続開始後，速やかに破産管財人に引き継ぐことができるように，また盗難・紛失などを防止するため，申立代理人の預かり金の預金口座に保管しておく方がよいでしょう。

② 預貯金

　まず，申立人がどこの金融機関に，いくつ預貯金口座を持っているかを聴き取り，勘定科目内訳明細書の「預貯金等の内訳書」にその会社が持っている預貯金が記載されているのでそれと照らし合わせてその通帳を確保します。預貯金等の内訳書に記載があるが通帳がない，またはその逆で，預貯金等の内訳書に記載がないがその会社名義の通帳がある，などの場合は，もともと通帳が無い（取引明細書だけの）取引なのか，何らかの理由で通帳がないのか等，その理由を依頼者に確認します。

　預貯金に関しては，現時点で利用しているもののほか，2年以内に解約したものも確保しておきます。そして，使用中のものは通帳記入してその時点での残高を確認しておきます。記帳したところ，「おまとめ」「一括記載」などがある場合は，その部分の履歴を金融機関から取り寄せるように手配します。取り寄せる方法としては，代理人として弁護士名ですることもできますが，委任状の提出や諸々の手続が増えるので，できれば依頼者本人（会社の担当者）に金融機関から取り寄せをしてもらう方が早くてスムーズにできます。預金履歴はできれば1年分を確保しておきます。通帳が数通にわたる場合は繰越前の通帳も用意してもらいます。過去の通帳が紛失しているならば取引履歴を入手してもらいます。これには多少の時間がかかることがあるので，余裕をもって手続をするようにします。

　そうやって各口座の残高を確認したら，まず，通帳とキャッシュカードを預かります。次に，会社の場合は預貯金がメインバンクに集まっており，メインバンクからは融資を受けているのが通常であるから，そこが債権者であることが多いです。そうなると，そのメインバンクである金融機関からの融資との相殺がされることもあり，また水道光熱費，リース料，電話料金などの自動引落し，業務の取引で引き落とされる可能性があるので，その口座を解約するか残高を「0」にするなどして，現金として保管し，引落しがされないようにします。つまりは，一部の債権者への返済が行われないように，申立てに必要な費用を除いて，預貯金額を減らさずに管財人に引き渡せるようにします。その場合，もと

もとあった現金と口座を解約した現金とを区別して保管しておくようにします。口座を解約した結果，自動引落できなくなるので，納付書などを利用して支払うようにしなければなりません。

　反対に，売掛金や取引先から支払いを受けるための預金口座がある場合，相殺されることのない預金口座であればそのまま残しておくべきですが，相殺される可能性がある預金口座であれば，新たに口座を用意して，取引先に入金口座の変更を連絡するようにします。

③　手形・小切手などの有価証券の確保

　約束手形，小切手，株券などの有価証券，他に投資信託，貸付信託，社債などの証券類があれば，これらを預かり管財人に引き渡せるように保管しておきます。今では利用される頻度が少なくなりましたが，依頼者が金融機関と当座取引がある（当座預金の口座を持っている）のであれば，手形や小切手を決済に使っていると考えられるので，手形帳・小切手帳を確保するようにします。特に，資金繰りに困窮した会社では，その場しのぎのために手形を乱発することもあり得るし，また小切手で商品を購入してそれを転売し，資金を得ようとすることもあり得るからです。

　手形帳，小切手帳を預かったら，まず既に振り出されている手形・小切手が，いつ，誰に，いくらの金額で振り出されているかを調べます。これらはその手形帳や小切手帳の既に使われた部分（切り取られた残りの部分で「（手形帳・小切手帳の）耳」とよばれています）を見て確認します（もっとも，それすら記載していない会社も時にはありますが……）。現実に手形・小切手が振り出されているのであれば，支払日はいつか，資金の用意はできているのか等について確認する必要があります。企業と銀行との間で締結されている「銀行取引約定」では，6か月以内に2回不渡りを出せば銀行取引停止処分となり，これが「期限の利益喪失原因」となって金融機関に対する債務の返済をしなければならなくなります。また，「不渡情報」はその他の金融機関にも伝わるので，「当該会社の倒産」という情報が一人歩きします。そういう事態を避けるために不渡りが出る前に破産申立てを急ぐ必要があるでしょう。

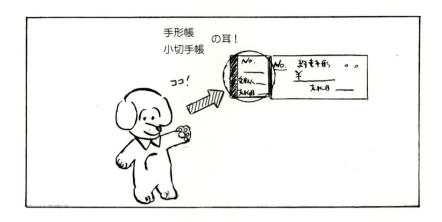

　反対に，取引先からの支払いを約束手形や小切手で受け取っている場合，まず手形・小切手に要件の不備が無いか，支払期日はいつかを確認し，支払期日に支払呈示を忘れないようにします。支払期日がかなり先ならば，そのまま破産管財人に原本を引き渡せばよいのですが，引き継ぐ前に支払期日が到来するのであれば，呈示期間内に支払呈示することを忘れないようにしなければなりません。そのためにも原本はできれば申立代理人が保管する方がよいでしょうが，その点については依頼者と協議するようにします。

　株券，社債，国債，会員権などの有価証券は，原本を確保しておくようにして破産管財人に引き継ぎをします。事前に売却をしておくという方法も考えられますが，ゴルフ会員権など資産価値がほとんど見込めないものもあり，また有価証券によっては，価額の変動が激しいもの（株式など）もあるので，どの段階で売却するのが適正かは判断が難しいので，そのまま破産管財人に引き継ぐ方がよいでしょう。

④　売掛金

　依頼者である法人が会社で，取引で売掛金が発生しており，未回収の場合があります。未回収の売掛金がどのくらいあるかは，会計帳簿，請求書控えなどから金額を確定し，売掛金に関する契約書，請求書，取引内容などをまとめた資料を集めておき，破産管財人に引き継ぐようにし

ます。

売掛金は，通常の取引では「毎月○日締め，翌月○日払い」というように1か月遅れで入金され，預金口座に入金された後，金融機関に相殺されることもあるので，取引先に振込口座を借入れ（融資）のない別の金融機関に変更する旨の連絡をしたり，破産管財人が選任されるまで振込を保留してもらうなどの手続をとります。

破産手続開始前に申立代理人が売掛金を回収することもありますが，取引先によっては，相殺，物品の返品を要求し，支払いを拒絶するところもあります。そうした場合，後に破産管財人が売掛金請求の訴訟を提起することもあり得るので，契約書・請求書などの資料を確保のうえ，取引担当した従業員からも事情を聞けるようにしておいた方がよいでしょう。

⑤　在庫商品

在庫商品は，保管するだけで費用が発生する物もあります。例えば，食品を保管するための冷蔵庫・冷凍庫の電気代，在庫商品を貸倉庫に保管している場合の倉庫代などです。また，生鮮食品のような長期の保管・保存ができない商品などは，商品価値が下がらないうちに申立代理人が売却などをして換価しておく必要があります。換価の詳細については，後に破産管財人に報告・説明できるようにしておきます。

在庫商品によっては，仕入先の債権者から返却の要請があることがあります。代金を支払っていない場合は，このような返却要請がくるものですが，在庫商品は破産財団を構成するものであり，未払代金は，破産債権として扱われるものですから，返却に応じることは，一部の債権者を有利に扱うことになりかねません。なので，返却の要請があったとしても，それには応じずに破産管財人に引き継いで，破産管財人の判断に委ねるようするべきでしょう。

その他，原則としては，在庫商品は保管しておき破産管財人による処分に任せるようにします。

⑥　貸付金

依頼者である会社が他社（他者）に対して金銭を貸し付けている場合

があります。貸付金に関しては，金銭消費貸借証書などの契約書，その他の書類を収集し，破産管財人に引き渡します。できれば，貸し付けた人の氏名・住所その他の連絡先，回収可能性について調べておければよいでしょう。破産管財人の負担軽減のために，申立代理人で回収できる貸付金があれば，回収して現金を破産管財人に引き継ぐようにできればよいでしょう。

⑦　不動産

　依頼者である会社が不動産を所有しているのであれば，その不動産登記識別情報（又は不動産登記済権利証）を確保して，破産管財人に引き継げるようにします。不動産登記識別情報（不動産登記済権利証）が無い，所在が不明という場合は，債権者に差し入れていることがあり，大方そういうときは白紙委任状も債権者に渡していることが多いので，不動産の所有権移転登記がされないように，破産手続開始前の保全処分も検討する必要があります。

　また，その不動産の内部に財産となる物があるときは，それを債権者が持ち出すということが起こらないとも限りません。そのようなことが起こらないように，施錠や防犯設備を確認して，場合によっては，申立代理人名義で「告知書」「警告書」を貼付することも必要になることがあります。

　その他，その不動産を賃貸しているときは，破産手続開始までの賃料は申立代理人が回収することになるでしょうが，売掛金回収のときと同じく，金融機関による相殺がされないように入金口座に注意するようにします。

⑧　設備機械，什器備品

　依頼者が使用している什器備品，及び，依頼者が法人であり，工場など設備機械を持っている場合は，そこにある設備機械も破産財団に属することになるので，建物を施錠し，外部へ搬出されないように管理するようにします。

　設備機械に関して，過大な保管費用がかかり，また買取希望があるのであれば，破産申立前に申立代理人が売却して現金を破産管財人に引き

継ぐという方法もあります。また，什器備品については，そもそも資産価値が認められないものも多いので，早期に売却処分するという方法もあります。

これらを売却処分する場合は，できるだけ複数の業者から見積もりを取り，一番高額で買い取ってくれる業者に売却をして，将来の破産財団の維持・増殖を図ることを考えておかなければならないでしょう。また，後に破産管財人に報告するために，売却物件の写真を撮影しておき，売却物件のリストを作成して，見積書と一緒に提出するようにできればよいでしょう。

⑨　**自動車などの車両の保管，ETCカードの回収**

依頼者が自動車などの車両を所有しているのであれば，その保管場所に赴いて確認し，保有している車両（営業用の乗用車，運搬用のトラック，自動二輪，原動機付自転車など全ての車両）のキー（スペアキーを含む）をどの車両の物かがわかるようにして，車両本体と鍵，自動車検査証（車検証）を確保しておく必要があります。中には，従業員に常時使用させていることもあるので，使用を中止させて，車両を保管するようにします。

自動車を保有している場合，自動車検査証をみると

ア　所有者が本人になっている。

イ　所有者がローン会社，リース会社となっている。

というケースが考えられます。アでは保管場所が自宅・自社所有地であればよいのですが，駐車場を賃借している場合は賃借料と自動車の価値を比較して賃借料が上回るなど保管費用がかかるのであれば，早急に売却して，負担を軽減する方法もあります。その際は，業者に査定依頼するなどして車両の適正価格を調べたうえで売却するなど相当価額で売却又は保管場所を安価なところに変更するなどの方策をとるようにします。

イではリース物件であればリース会社へ，ローン会社が所有権留保している場合，残債務があれば，ローン会社が車両を引き揚げに来るので，速やかに連絡をとり，車両を引き揚げてもらうようにします。その際，引き揚げに関する資料等を確保しておくことを忘れないようにします。

なお，いずれの場合にしても，誰でも侵入できる場所に置いてあれば，債権者が奪っていくこともありえるので，早々に売却，保管場所の変更をするようにします。

他に，会社で従業員に貸与しているETCカードがあれば，以降使用しないようにするため，回収しておきます。

⑩　電話加入権

最近では，電話加入権の資産価値はほとんど見込めませんが，残っていると不必要に料金が発生するので，できる限り早く休止・停止の措置をとる方がよいでしょう。ただ，申立代理人との連絡用に確保しておく必要があるので，複数回線契約をしているのであれば，必要なもの以外は解約・休止等の手続をとる方がよいでしょう。

⑪　賃借不動産の返還（賃借保証金，敷金返還請求権）

申立人がオフィスビルにテナントとして入っていたり，事務所・作業場として建物を賃借していたり，業務用の自動車の駐車場を借りていたりと，居住用ではなく，事業用として不動産を賃借していることがあります。破産予納金が低い金額で申立てができるのは，これら賃借物件の明け渡し，返還を申立代理人が行うことによるので，申立代理人の重要な仕事の一つです。また，使用していない不動産をそのまま賃借しているのであれば，財産の減少を防ぐため，速やかに解約して明け渡す方がよい場合もあります。

ただ，これは「申立代理人が明渡手続ができる」レベルのものに限ります。どういうことかというと，未払賃料が残っており，清算できるのであれば問題ないのですが，未払いがあるということは払うお金もないという状態でしょうから，その場合は後の処置は破産管財人に委ねた方がよいでしょうし，最近は，申立代理人で行うべきではなく，破産管財人がするべきであるとする裁判所も多いです。また，物件の中に什器・備品やコピー機などのリース物件があり，リース物件の返還，什器・備品の売却・処分が比較的容易であり明渡しがスムーズに行える状態であればよいのですが，物件の中に，商品やリース物件，資材・材料でもまだ代金未払いのものなどが多数あり，債権者から返還を求められたり，

商品の買取りの希望が出てきたり，中には換価できそうな商品・物品を強引に運び出そうとする債権者が出てくるかもしれない状況であれば，下手に申立代理人が物品の処分・物件の明渡しをするよりも，そのままの状態を保全して管財人に引き継ぎ，管財人において，物品の換価・処分，物件の明渡し，返還をしてもらう方が債権者に対する点においても公平であるといえるでしょう。この点，管財人に物件の明渡しを託すときは，敷金や賃借保証金の預かり証の原本を確保し，破産管財人に引き継ぐようにし，その分，破産予納金の額が（明渡しに要する費用を考慮して）上がるということを留意する必要があります。

　また，内部の什器備品や動産類を処分したときは，後に廉価処分であるといわれないように，業者による簡易査定などを行い適正価格を調べた上で，処分品を写真撮影し，処分リストを作成するなどしておくようにします。

　その他に，明渡しが完了した後，賃貸人から保証金等が返還されたときは，そのまま管財人に引き渡すことができるように保管するようにします。もし，申立ての費用が足りず，その保証金を流用しなければならないのであれば，その使途と金額を明確にしておくようにします。

⑫　リース・レンタル物件の返還

　申立人が事業を営む上で，リース会社などからコピー機やパソコンなどの物品を借りていることがあります。

　自動車以外のリース物件としては，

　ア　コピー機，FAX機，プリンターなどの機械（単体，複合機を含みます）

　イ　ビジネスフォン（電話機と主装置）

　ウ　パソコン及びその周辺機器

　エ　（やや規模の大きな会社では）イントラネットシステム機器

が考えられます。

　まずはリース物件の特定が必要となりますから，リースに関する契約書や，会計帳簿類にある「リース物件一覧表」を確保し，どのようなリース物件があるかを確認しておきます。リース会社に破産申立ての受任通知を発送したら，リース物件の返還請求がされることがほとんどで

しょう。物件がリースであることが明確にわかっており，リース会社が
どこかもわかっているなら，申立前にリース会社の要請に応じて返還し
てしまう方がよいでしょう。その際，リース会社から「引揚証明書」と
「受領書」をもらうようにします。実際に返還するとき，リース会社の
社員が来ることもありますが，引取専門の業者が来ることもあります。
こういうケースでリース会社から受取書をもらえるのは，引取業者から
リース会社に物件が渡され，リース会社がその返還物件を確認した後に
なってしまいます。ですからこの場合，引取業者はリース会社から委託
を受けておりリース会社と同視できるので，リース会社に引取業者名と
担当者名を聞いておき，当日に来た引取業者の人が間違いないかを確認
した上で，引取業者のサインを受取書に書いてもらう方が簡易で確実で
しょう。できれば，引取時点で物件の写真を撮ることができればよいで
しょう。

　なお，ウのパソコンと周辺機器ですが，パソコン内部のハードディス
ク内に業務上のデータ（取引先のリストや経理関係の帳票類）が保存され
ている場合，それを取り出さずに返還してしまうと管財人が業務を行う
ことができなくなるおそれもあるので，返還前にデータをコピーして
USBメモリーやCD-R，携帯用外付けハードディスクなどの媒体に保存
しておく，若しくはデータをプリントアウトしておくなどの処置をしま
す。データをコピーする場合は，そのデータがどのようなアプリケー
ションソフトで起動するのかを確認して，特殊なソフトで起動するので
あれば，

　　㋐　そのソフトを別途用意する。

　　㋑　パソコンを含むシステムごと引き続きリースを受けて，将来の管
　　　　財業務に必要となると予想されるので，リース契約を含めて管財人
　　　　に引き継ぐ。

などの方法をとるようにします。

　破産手続開始の申立てまでにリース物件の引き揚げが未了となってい
るのであれば，リース物件の所在，リース業者の連絡先を管財人に引き
継ぎます。

⑬　事務所・営業所・倉庫の安全性の確保

会社には本社，支社，営業所などがありますが，それぞれの事務所となっている建物の中にある物や，物販会社，メーカーで倉庫に保有している商品を債権者によって奪われることもあります。それを防ぐため事務所や倉庫の施錠を強化したり，破産申立てをすることを公にしているのであれば，申立代理人名義で管理していることを記載した貼り紙をして告知する，または破産手続開始申立前の保全処分の申立てをするなどの措置をとる必要があります。

また，その内部に従業員の私物等が残っていることもあるので，できる限り持ち帰ってもらい，破産手続開始決定後，速やかに破産管財人に引き渡せるようにします。

⑭　保険（保険金請求権，解約返戻金請求権）

依頼者が傷害保険などの契約をしている場合，依頼者である法人が破産によって消滅してしまうので，継続して契約する必要性が乏しくなります。そこで，保険料の支払いを止めるため，できるだけ早急に保険を解約して解約返戻金を回収しておくようにします。ただし，火災保険や自動車保険などは，不動産や自動車の処分が終わり必要がなくなるまで解約しないようにしておきます。

解約が間に合わず，破産手続開始後も未解約の保険が残るのであれば，その保険証券の原本を破産管財人に交付し，引き継げるようにします。

(5)　従業員への対処

法人が破産すると従業員の雇用も終了します。法人の事業のために従業員を雇用しているときは，人件費やその他の費用が発生するので財団の目減りや財団に対する債権の発生を防ぐ意味も含めて，破産申立前に従業員を解雇することになります。破産する会社にいつまでも従業員を縛り付けておくことはかえって従業員の再就職の妨げになりますし，従業員も破産する会社に拘束されるわけにはいきません。とはいえ，解雇は従業員にとっては職を失うことで死活問題ですから従業員の中で混乱が起きることを防ぐために，申立代理人から説明をしておくべきです。

従業員の給与債権ですが，平成16年の破産法改正で，「破産手続開始前3月間」の給与債権は財団債権とされ（破149条1項），破産手続の終了前に退職した際の退職金債権についても「退職前3月間の給料の総額（その総額が破産手続開始前3月間の給料の総額より少ない場合にあっては，破産手続開始前3月間の給料の総額）に相当する額」が財団債権とされました（破149条2項）。この財団債権に該当しない部分については，優先的破産債権とされます。

　つまり，未払給与のうち財団債権となるのは「破産手続開始前3月間」に限られるので，未払給与が発生した後，3か月以内に破産手続開始がなされれば未払給与は財団債権になりますが，破産手続開始申立が遅れて財団債権に当たらない部分が発生すると，申立代理人の責任問題となりかねませんので，受任後は早急に申立てをする必要があります。

　破産財団によって未払給与，退職金債権の支払いが困難であると思われる事案では，各従業員に対して，独立行政法人労働者健康安全機構による「未払賃金立替払制度」について説明することになります。「未払賃金立替払制度」とは，「賃金の支払の確保などに関する法律」に基づき，企業が倒産したために賃金が支払われないまま退職を余儀なくされた労働者に対して，その未払賃金の一定の範囲について労働者健康安全機構が事業主に代わって支払う制度です。この制度の対象となる倒産とは，「法律上の倒産」と「中小企業における事実上の倒産」であり，破産管財人が関与するのは「法律上の倒産」で，破産法に基づく破産手続開始決定があった場合です。

　立替払請求ができる期間は，破産手続開始決定の翌日から2年以内です。

　立替払の対象となる従業員は，

---

a　労働者災害補償保険（労災保険）の適用事業で1年以上にわたって事業活動を行っていたことで，その事業者については，法人・個人を問わず，労災保険の加入手続・保険料の納付の有無は問われません。

b　事業者が「法律上の倒産」，「中小企業の事実上の倒産」になったこと。

c　その従業員が破産申立が行われた日の6月前から2年の間に退職している場合。

d　従業員への未払賃金があり，その総額が2万円以上であること。

です。

　従業員に関し，申立代理人が破産申立前にするべき事務処理手続として考えられるものとして，以下のものがあります。

①　従業員の解雇

　手順としては一般的に，従業員に対し「解雇通知」を渡し，解雇予告手当を支払います。「解雇通知」は，従業員が雇用保険（失業保険）を受給するために必要な書類です。

　労働者を解雇する場合，少なくとも30日前にその予告をしなければならず，30日前に予告をしない場合は，30日分以上の平均賃金を「解雇予告手当」として支払わなければなりません。通常，会社（事業者）が破産申立てを行う場合，混乱を避けるため，取引先や金融機関に対しては通知しない，又は，通知をしても速やかに申立てを行うようにするため，従業員に対し，30日前に「会社は破産するので解雇します。」などど悠長に予告することは少ないでしょうし，会社の都合で職を失うことになるので，雇い主としては，いくらかの金銭を支払いたいと思う人もいます。そこで「解雇予告手当」を払うというケースにあたることも多くなります。

　ただ，破産手続開始後，売掛先から売掛金を回収する，在庫商品を売却するのに取引先との交渉が必要など，破産管財人だけではできないこともあるので，そういう場合には従業員の協力が必要となることがあります。その場合は，破産管財人としては財団債権として支出してでも従業員の管財業務への協力が必要となるので，そういう従業員は解雇せずにそのまま破産申立てをする方がよい場合もあります（その従業員自身が退職を希望した場合は無理ですが……）。

②　給与・退職金の支払

　従業員に対し，解雇日までの給料と，退職金規程がある場合は退職金を支払います。給料と退職金が支払えない場合，それらは支払期にもよりますが，前述のとおり，財団債権又は優先的破産債権となります。また，労働者健康安全機構による立替払制度を利用できることを申立代理人の弁護士から従業員に対し，説明が必要になります。

労働者健康安全機構による未払賃金の立替払請求をするためには，破産管財人が「未払賃金の立替払請求書」の証明をしなければなりません。また，賃金台帳・退職金規程などの書類を労働者健康安全機構へ提出しなければなりません。そのための書類を確保して，破産管財人に引き継ぐようにします。

③　離職票の交付

従業員を解雇した場合，会社（事業者）は「離職票」を交付します。これは，退職者が失業保険の給付手続をするときに必要となるものです。

④　源泉徴収票の交付

給与所得の「源泉徴収票」を作成し，退職者に交付します。「源泉徴収票」は，退職者が確定申告に添付書類として使用する，又は次の就職先の会社で提出を求められる場合もあります。作成にあたっては，申立代理人が作成してもよいのですが，依頼者である会社（事業者）が依頼していた税理士，公認会計士がいる場合は，そこに作成を依頼する方が正確でスムーズにできると思います。

⑤　健康保険被保険者証の回収と健康保険の切替手続の説明

会社が社会保険に加入して，従業員が健康保険被保険者証（健康保険証）を持っているのであれば，それを回収するようにします。従業員の方々には，

ア　国民健康保険へ切り替える

イ　家族の中に企業などに勤めている人がいるならば，扶養家族となってその会社の健康保険を利用する

などの方法がありますので，切替えをしてもらうようにします。

なお，健康保険証がカード型の場合や，大学生のように世帯主から離れて暮らす家族用に被保険者証が交付されている場合のように，健康保険証が複数交付されていることがあるので，必ず全員の分を返してもらうようにします。

⑥　住民税の徴収方法の変更の説明

多くの会社（事業者）が従業員の住民税の納付については，その人の毎月の給料から会社（事業者）が住民税分の額を差し引いて，従業員に

代わって納税する方法が採られていると思います（特別徴収）。会社（事業者）が破産した後は，特別徴収することができないので，各自で納付してもらうことになります（普通徴収）。この手続として，事業者が従業員が居住している自治体に「給与所得者異動届出書」を提出する必要があります。

⑦　退職金共済手続

　　申立人が会社で中小企業，又は個人事業主の場合，従業員の退職金支給をするために退職金共済制度に加入していることがあります。加入している場合，その従業員は，破産決定後に

　　ア　退職金共済機構に退職金の請求をする

　　イ　新たに就職した会社で，退職金共済制度を継続する

などの方法をとることがあります。そのために，従業員に対して「退職金請求書」を渡す必要があります。その後の手続は，振込口座のある銀行に口座の存在の確認印をもらったり，請求書の郵送など，請求する従業員が各自で行ってもらう必要がありますが，詳しい手続については各自で確認してもらうことになります。

3 申立書類の作成・提出

(1) 依頼者側への協力要請

　会社の破産申立ては，事務作業が膨大であり，早急に申立てをしなければならないこともあるので，短時間で効率的に正確に準備しなければなりません。また，会社の破産申立てでは，申立準備を進めていく中で，ほかに必要となる資料，確認すべき資料が出てきて，それが会社内部に残っているというように関係書類が会社にあることがあります。また，債権者一覧表や財産目録を作成するのに会社の従業員で事情に詳しい人の協力が必要で，それらを作成するために経理関係，営業関係の膨大な資料の中から必要な事項を抽出したり，メインバンクとの取引内容の精査，会社所有の資産（不動産，動産類，自動車など）のリストアップなど，事務作業だけでも膨大になります。これらを効率よく進めていくためには，それぞれの分野に精通している会社の従業員の協力が必要不可欠になります。

　従業員の方にお願いすることとしては，

---

① 会社の負債のリストアップ
② 会社の財産のリストアップ
③ 現在のような状況に至った経緯を時系列で整理する

などがあります。負債や資産の資料がどのような形式（帳簿又はパソコン上のデータ）で保管されているのかは，会社の担当の人が一番よくわかっているのですから，正確に把握できるでしょう。効率化と迅速化のために，従業員の協力が必要となるので，依頼者である会社にその旨を要請するようにします。

(2) 破産申立書の作成

　破産手続開始申立ては，書面でしなければなりません（破20条1項，破規13条）。申立書の記載事項は，以下が主なものです。

① 申立人（債務者）の名称・商号，代理人弁護士の氏名
② 郵便番号・住所（所在地）・代表電話番号・FAX番号

３ 申立書類の作成・提出 | 249

③ 申立ての趣旨，申立ての理由

申立書は，現在では各地方裁判所で定型書式を用意しているので，その書式を用いて必要事項を記載すれば完成するようになっています（**【巻末資料6】**参照）。

大阪地裁の定型申立書式は，このようになっています。

```
┌──────────┐
│ 印　紙   │        　　　　　代理人弁護士の氏名・事務所住所・
│ (1000円) │        　　　　　TEL・FAX番号を記載します.
└──────────┘
        　　　　　破産申立書（法人用）
                                        平成　年　月　日

大阪地方裁判所（□　支部）御中

        申立代理人弁護士（担当）_____ 印
        送達場所（事務所）〒_____
        TEL（　）　　－　　　FAX（　）　　－

債務者（商号）　**申立人となる法人の名称（商号）を記載します.**
代表者　　　　　**法人の代表者名を記載します.**
申立人　　　　　**準自己破産の場合、申立人となる者の氏名を記載します.** （準自己破産の場合のみ）
本店所在地（〒　　　　）☑登記事項証明書（商業登記簿謄本）記載のとおり
□〒_____ 登記上の所在地と同じであればここをチェックする. （登記事項と異なる場合のみ）

        　　　申　立　て　の　趣　旨
        債務者　**債務者名を記載する**　について破産手続を開始する.

        　　　申　立　て　の　理　由
        債務者は，１のとおりの債務を負担し，財産総額は２のとおりであるため，支払
        不能又は債務超過の状態にある.　**債権者一覧表と一致するようにします.**
        １　債務の状況（別紙債権者一覧表記載のとおり）
        　（1）一般破産債権総額_____万_____円（債権者_____人）
        　（2）優先的破産債権及び財団債権総額
        　　　　　　　　　　_____万_____円（債権者_____人）
        ２　財産の状況（別紙財産目録記載のとおり）
        　　　回収見込額合計_____万_____円　**財産目録と一致させます.**

        　　　参　考　事　項
        　　　　（必ずこの欄も記載する.）
        １　破産管財人への引継予定の現金_____円　**管財人に確実に引き継ぐ現金の額を記載します.**
        ２　代表者の破産申立てをしたか（□有・□無）
        　　　その係属する裁判所と事件番号等
        　　　_____地方裁判所_____支部・平成_____年（フ）第_____号，_____係
        　　　その事件の進行（□開始決定済・□同時申立・□開始決定未）
        　　　その破産管財人の氏名等（弁護士_____，TEL（　）　　－　　　）
        　　　今後の予定（□予定有　平成_____年_____月ころ・□予定無）
```

法人の代表者について
1. 破産申立を同時にしたかどうか,
2. したのであれば、その事件に関する事項,
3. していないのであれば、その予定.
を記載する.

印　紙	郵　券	支部申立ての場合	受領印
1000円	円	3200円	

(3) 債権者一覧表の作成・確認

　破産手続開始申立てでは，破産手続開始決定が出された時点で破産債権となるべき債権を記載した一覧表（債権者一覧表）を提出しなければなりません（破20条2項，破規14条1項1号）。さらに，租税等の債権，労働債権については，個別に一覧表を作成する必要があります（破規14条1項2号，3号）。実際には，債権の種類ごとに債権者一覧表を作成して申立てをする運用をしている裁判所が多いので，あらかじめ申立てをする予定の裁判所に確認しておくようにします。ちなみに大阪地方裁判所における管財事件の申立てでは，債権の種類ごとに

> a　債権者一覧表（全ての債権を総括する表）
> b　借入金一覧表
> c　手形・小切手債権一覧表
> d　買掛金一覧表
> e　リース債権一覧表
> f　労働債権一覧表
> g　その他の債権一覧表
> h　滞納公租公課一覧表

を作成します。
　各債権の特徴と記載すべき事項は，次のとおりです。
① 金融機関に対する債務

　　会社が金融機関から融資を受けるのは，1回だけではなく，複数回であることが通常ですから，契約ごとに番号を付して，(i)契約日，(ii)融資額，(iii)現在残額，の順で整理します。資料としては，契約書，返済予定表（償還表）などがあります。

　　また，会社が金融機関から融資を受けるときに，信用保証協会との保証委託契約を締結していることが多いので，その点を確認して，債権者一覧表の備考欄に記入します。

3 申立書類の作成・提出 251

② 金融業者に対する債務

　貸金業者から借入れしている場合，利息制限法違反による貸付けがないか，つまり，利息制限法規定の利息を超えて返済していないかを調べ，過払金の有無を調べる必要があります。そのために，取引履歴の開示請求をして，過払い金の有無を調べます。

　その他，連帯保証人の有無，担保提供の有無，手形の振出しなどを調べ，それらの事実があれば，備考欄に記載します。

③ 営業などの取引上の債務，リース・ローン，電話代などの債務

　取引上の債務は，会社で管理されているのが通常ですが，会社に保管されている請求書などは，前月の請求分であり，その月の未払分の請求は翌月送られてくるのが多いでしょう。ですから，作成時にはその当月分の請求額が不明のままなので，備考欄に「○月分の請求であり，△月分の請求額は未確定のため，変更の可能性あり」と記載しておくようにします。申立後に当月の請求額が判明したら，申立後で破産管財人選任前であれば，「債務額の変更の上申書」，「債権者一覧表の訂正の上申書」など名称はいろいろありますが，金額が変更する旨の上申書を裁判所に提出し，破産手続開始決定後にその請求書を管財人に引き継ぐようにします。

　取引先に手形を振り出しているときは，備考欄に「約束手形振出。期日○月○日」と記載しておくようにします。

　その他，その債務が何であるか，「買掛金」「電話代（通信費）」「交通費」などなどの使途を明記するようにします。

④ 租税債権など

　破産法での租税債権は，「国税徴収法又は国税徴収の例によって徴収することのできる請求権」をいいます（破97条4号）。この租税債権にあたるものとしては，国税，地方税，各種社会保険料，地方自治法上の分担金，使用料があります。

　租税債権は，その発生原因の時期，納期限の時期，本税か附帯税かなどにより，財団債権となるもの，優先的破産債権となるもの，劣後的破産債権になるものに分類されます。これは，破産管財人が配当を行うと

きに必要となる情報なので，債権者一覧表にはそれぞれの発生原因や納期限を記載するようにします。資料として納付書があればそこには具体的納期限が記載されているのですが，もし，紛失しているなど納期限が明らかにならないときは，管轄署に対して問い合わせて，できれば「未納金一覧表」など未納となっているものをリストにしてもらうようにすればよいでしょう。

ア　本　税

本税で「破産手続開始前の原因」に基づいて生じたもののうち，破産手続開始決定の際に

(ア)　納期限が未到来のもの

(イ)　納期限から1年を経過していないもの

については，財団債権に分類されます（破148条1項3号）。既に納期限から1年を経過しているものは，優先的破産債権に分類されます（破98条1項）。

租税の納期限には，

(ア)　法律が本来の納期限として予定している「法定納期限」

(イ)　その期限を過ぎると督促しなければならない「具体的納期限」

があり，この両者が一致していれば問題ないのですが，異なる場合は具体的納期限で判断されることになります。

次に，本税で「破産手続開始前の原因」に基づいて生じたものは，

(ア)　破産財団の管理（破153条以下），換価（破184条以下），配当（破193条以下）に関する費用にあたるものは財団債権

(イ)　その他の租税債権のうち，破産財団に関するものは劣後的破産債権（破99条1項1号）

になります。

その他，「破産手続開始後の原因」に基づいて生じた租税債権のうち，破産財団に関するものではないものは，破産債権になりません。

イ　延滞税など

延滞税などは，本税が何であるかによって判断します。

本税で財団債権であるものの延滞税などは，発生時期，破産手続開

始の前後にかかわらず，全て財団債権に含まれるとされています。

本税で優先的破産債権であるものの延滞税などは，破産手続開始前に生じたものは全て優先的破産債権となり，破産手続開始後に生じたものは，劣後的破産債権となります。

ウ　加算税など

国税通則法に規定される「過少申告加算税」，「無申告加算税」，「不納付加算税」，「重加算税」を加算税といい，地方税法に規定される「過少申告加算金」「不申告加算金」「重加算金」を加算金といいます。

これらは全て，その発生時期にかかわらず劣後的破産債権となります。

⑤　労働債権

労働債権とは，「従業員との間の雇用契約に基づき発生する債権」をいい，給料，各種手当，賞与，解雇予告手当，退職金等があります。

破産申立前に，従業員の解雇を済ませ，未払いの労働債権は無い，というケースもあり得ますが，そうでない場合，まず，未払となっている労働債権がどのくらいあるかを確認し，申立てを急ぐようにします。

労働債権には，財団債権に分類されるものと破産債権に分類されるものがあります。

従業員の中に派遣社員がいる場合，派遣社員に対する給料の支払義務は，派遣元会社が負担しており，依頼者である会社は，派遣元の人材派遣会社に対し債務を負担していることになるので，この債務は労働債権にはなりません。

ア　財団債権に分類されるもの

労働債権のうち，財団債権に分類されるものは，次のものです。

㋐　破産手続開始前3か月間の給料債権（破149条1項）

給料債権のうち，財団債権に分類されるのは，破産手続開始決定前3か月間に発生したもので（破149条1項），3か月の起算点は給料や賞与の支給日で，支給日が破産手続開始決定前3か月以内の日であれば財団債権となり（破148条），3か月を超えていれば優先的破産債権となります（破98条）。給料の未払いが既に発生している

ときは，その一番最初に未払が発生した給料の支給日から3か月以内に破産手続開始決定が得られるようにすれば，未払給料は全て財団債権として扱われるが，この3か月を超えて破産手続開始決定が出されると，3か月を超えた部分については，優先的破産債権となり，破産手続によらなければ支払われず，さらには破産財団が僅少である，全債権者への配当は困難が予想されるなどの事情があるときは，優先的破産債権であっても全額弁済が受けられない可能性が高い。そうなると（元）従業員にとっては死活問題となるので，申立代理人としては申立てを急ぐ必要があります。

(イ) 破産手続終了前に退職した使用人の退職手当の請求権のうち，退職前3月間の給料の総額と破産手続開始前3月間の給料の総額の多い方に相当する金額（破149条2項）

　　退職金が財団債権となるか否かの基準は標記のとおりですが，財団債権の対象となるのは，破産手続終了前に退職した者ですから，退職の時期が破産申立前又は破産手続開始決定後であっても，その（元）従業員は対象となります。

(ウ) 各種手当

　　企業に勤務する多くの従業員の給料の内容は，基本給・職能給，時間外労働手当（残業手当）などの各種手当，通勤交通費，などの種類があります。法律上，労働者の賃金は，「賃金，給料，手当，賞与その他名称の如何を問わず，労働の対償として使用者が労働者に支払うすべてのもの」と定義されており（労基11条），破産法上も各種手当は給料に含まれるとするのが原則ですが，通勤手当などは実費精算の意味合いで支給されるものですから，「労働の対償」とはいえず，ここでいう給料には含まれず，財団債権にはならないとされています。また，解雇予告手当（労基20条）は，労働の対価である給料とは異なるので，財団債権にはなりません。しかし，実費精算の意味合いの手当も解雇予告手当も労働契約関係に基づく債権であるので，優先的破産債権（破98条）に分類されます。

㈓　賞　　与

　　賞与についてですが，就業規則や労働協約に規定がある場合，賞与は給料に含まれます。ただ，小規模な会社では就業規則や労働協約が無いところもあります。この場合は，過去に定期的な賞与の支給実績があり，これが慣習化しているのでれば，給与に含まれると解することもできるでしょう。

イ　優先的破産債権となるもの

　　雇用関係に基づいて発生した債権は，債務者の総財産について雇用関係の先取特権（民306条2号，308条）が生じるので，財団債権に分類されない労働債権は全て優先的破産債権となります（破98条1項）。

⑥　別除権

　　破産手続開始時に破産財団に属する財産に設定されている特別の先取特権（民311条，325条），質権（民342条），抵当権（民396条），根抵当権（民398条の2）を「別除権」といいます（破2条9項）。別除権者（破2条10項）は破産手続によらないでこの権利を行使することができます。

　　申立てにあたって，別除権者の一覧表を作成して提出を求められることがあります。

ア　債権者一覧表（全ての債権を総括する表）

① 債権者一覧表

番号	債権者名	〒	住所（送達場所）	TEL / FAX	債権の種類	備考
1	大阪東南信用金庫 東南支店	5**-****	大阪市東南区○○町○番地	06-6***-**** / 06-6***-****	1	保証人：京阪信用保証協会
2	京阪神保証協会	53*-****	大阪市北区梅西○丁目○番○号	06-6+++-++++	6	1．の保証　将来の求償権
3	株式会社○○銀行・××支店	54*-****	大阪市中央区靭戸巻町○T目○番○号	06-6***-**** / 06-6***-****	1	保証人：京阪信用保証協会
4	京阪神保証協会	53*-****	大阪市北区梅南○丁目○番○号	06-6+++-++++	6	3．の保証　将来の求償権
5	×××××ファイナンス	53*-****	大阪府北区梅東○丁目○番○号	06-6+++-++++	1	法定金利内での借入れ
6	甲野乙男	66*-****	神戸市日何区○○台・・・・・	078-***-****	1	取引先の代表取締役からの借入金
7	株式会社○×工業	562-****	大阪府吹中市独演町1丁目○番	06-6***-****	2	
8	○○工業（株）	54*-****	大阪市東州丘区○○町・・・・・	06-6***-**** / 06-6***-****	3	資材の仕入代金
9	（株）××△製作所	56*-****	大阪府高丘市市○○丘・・・	06-6***-**** / 06-6***-****	3	資材の仕入代金
10	○○塗装工業（株）	54*-****	大阪市中平区○○町・・・・・	06-6***-**** / 06-6***-****	3	資材の仕入代金
11	1-2-3ファイナンス（株）	100-****	東京都○○区××町1-1-1	03-3***-****	4	デジタル複合機
12	（株）MMMファイナンス	54*-****	大阪市○○区××町・・・・・	06-6***-****	4	ビジネスホン（電話機）
13	甲岡 太郎	***-****	大阪市東○区××町・・・	06-6***-****	5	
14	乙川 二郎	***-****	神戸市市○岡区・・・・・	07*-***-****	5	

① 債権者一覧表

番号	債権者名	〒	住所（送達場所）	TEL. FAX	債権の種類	備考
15	京阪神保証協会	53*-****	大阪市北区梅西○丁目○番○号	06-6+++-++++	6	原債権者：大神銀行・梅北支店 平成○年×月△日 信用保証委託契約 平成○年○月○日 代位弁済
16	○○カード(株)	102-****	東京都○×区加亜土町○丁目・・・・	03-3***-****	6	ETCカード利用料
17	伊上○○興産(株)	66*-****	神戸市中大区○○丘○丁目・・・・	07*-***-****	6	ガソリン代
18	○○電話(株)	53*-****	大阪市東津原区○×町・・・・	06-6***-****	6	電話代
19	○○電力(株) ○○営業所	54*-****	大阪市戸川区○○台・・・・	06-6***-****	6	電気代

債権者数　○名	債権総額　○○,○○○,○○○ 円
	（うち優先的破産債権・財団債権　××,×××円）

債権の種類の記載方法
1（借入金），2（手形・小切手債権），3（買掛金），4（リース債権），5（労働債権），6（その他）
なお，[その他]については、備考欄にその債権の種類を記載する。また、その他についての債権者一覧表も別途作成する。

イ　借入金一覧表

②　借入金一覧表

番号	債権者名	〒	住所	TEL FAX	金額(円)	借入日	最後の弁済日	使途	別除権	保証人	契約書等	調査票等	備考
1	大阪東南信用金庫　東南支店	5**-****	大阪市東南区○○町○番地	06-6***-**** 06-6***-****	7,742,050	H20.4.20	H 29.5.15	運転資金		○	○	○	保証人：京阪神保証協会
2	京阪神保証協会	53*-****	大阪市北区梅西○丁目○番○号	06-6+++-++++	0	H 20.4.10	H29.4.20				○	○	1．の将来の求償権 信用保証委託契約
3	株式会社○○銀行・××支店	54*-****	大阪市中央区南町○丁目○番○号	06-6***-**** 06-6***-****	9,437,616	H 25.6.30	H29.4.20	運転資金		○	○	○	保証人：京阪神保証協会
4	京阪神保証協会	53*-****	大阪市北区梅西○丁目○番○号	06-6+++-++++	0	H 25.6.20	H29.4.20				○	○	3．の将来の求償権 信用保証委託契約
5	×××ファイナンス	53*-****	大阪市北区梅東○丁目○番○号	06-6+++-++++	204,987	H 27.8.20	H 30.8.20	運転資金				○	法定金利内での借入金
6	甲野乙男	66*-****	神戸市谷保区○○台・・・・・	078-***-****	3,000,000	H28.3.18	H . .	運転資金					取引先の代表取締役からの借入金
7						H . .	H . .						
8						H . .	H . .						
9						H . .	H . .						
10						H . .	H . .						
11						H . .	H . .						
12						H . .	H . .						
13						H . .	H . .						
14						H . .	H . .						
合計					20,384,653								

ウ　手形・小切手債権一覧表

③　手形・小切手債権一覧表

番号	債権者名	〒	住所	TEL FAX	金額（円）	手形小切手番号	裁審関係	支払期日
1	株式会社○×工業	562-****	大阪府吹田市綾演町1丁目○番	06-6***-****	1,000,000	A18264****		H29.5.20
2								
3								
4								
5								
6								
7								
8								
9								
10								
11								
12								
13								
			合　計		1,000,000			

エ　買掛金一覧表

④　買掛金一覧表

番号	債権者名	〒	住　所	TEL FAX	金　額 (円)	調査票等	備考
1	○○工業(株)	54*-****	大阪市東州丘区○○町・・・・	06-6***-**** 06-6***-****	1,858,297	○	資材の仕入代金
2	(株)××△製作所	56*-****	大阪府商丘市○○丘・・・・	06-6***-**** 06-6***-****	872,394	○	資材の仕入代金
3	○○塗装工業(株)	54*-****	大阪市中平区○○町・・・・・	06-6***-**** 06-6***-****	1,873,523	○	資材の仕入代金
4							
5							
6							
7							
8							
9							
10							
11							
12							
13							
14							
合　計					4,604,214		

オ　リース債権一覧表

⑤　リース債権一覧表

番号	債権者名	〒	住　所	TEL FAX	金　額（円）	リース物件	保証人	調査票等
1	1・2・3ファイナンス(株)	100-****	東京都○○区××町1－1－1	03-3***-****	1,305,000	デジタル複合機		○
2	(株)MMMファイナンス	54*-****	大阪市○○区××町・・・・	06-6***-****	345,739	ビジネスホン（電話機）		○
3								
4								
5								
6								
7								
8								
9								
10								
11								
				合　計	1,650,739			

カ 労働債権一覧表

⑥ 労働債権一覧表

番号		債権者名	〒	住所	TEL FAX	金額（円）	項目	給料未払期間	備考
1	1	甲岡 太郎	***-****	大阪市東○区××町・・・・	06-6**-****	698,700	給料	H29.○.○ ~ H29.6.20	基本給月額15万円、H29.6.20解雇
	2					700,000	退職手当		
	3					0	解雇予告手当		
2	1	乙川 二郎	***-****	神戸市○岡区・・・・	07*-***-****	560,000	給料	H29.○.○ ~ H29.6.20	基本給月額13万円、H29.6.20解雇
	2					600,000	退職手当		
	3					0	解雇予告手当		
3	1						給料	~	
	2						退職手当		
	3						解雇予告手当		
4	1						給料	~	
	2						退職手当		
	3						解雇予告手当		
5	1						給料	~	
	2						退職手当		
	3						解雇予告手当		
6	1						給料	~	
	2						退職手当		
	3						解雇予告手当		
					合計	2,558,700			

キ　その他の債権者一覧表

⑦　その他の債権者一覧表

番号	債権者名	〒	住所	TEL FAX	金額(円)	債権の種類	調査票等	備考
1	阪神保証協会	53*-****	大阪市北区梅田○丁目○番○号	06-6*******+	4,870,987	求償権	○	原債権者　大神銀行・梅北支店　信用保証委託契約　平成○年○月△日　代位弁済
2	○○カード(株)	102-****	東京都○×区加島土町○丁目・・・	03-3***-****	20,876	カード代金		ETCカード利用料
3	(伊上○○興産(株))	66*-****	神戸市中大区○○五○丁目・・・	07*-***-****	239,841	売買代金	○	ガソリン代
4	○○電話(株)	53*-****	大阪市東市原区○×町・・・	06-6***-****	39,982	携帯電話料金		電話代
5	○○電力(株)　○○営業所	54*-****	大阪市戸川区○○内・・・	06-6***-****	76,592	電気料金	○	電気代
6								
7								
8								
9								
10								
11								
12								
13								
14								
15								
16								
17								
	合　計				5,248,278			

ク　滞納公租公課一覧表

⑧　滞納公租公課一覧表

番号	税目	所轄	〒	住所	TEL	金額（円）	年度	備考
1	固定資産税・都市計画税	○○市	***-****	大阪府○○市・・・・・	06-****-****	500,000	H27～29	
2	法人税	○○税務署	***-****	大阪市××区・・○丁目・・・	06-****-****	700,000	H28, 29	
3	消費税	○○税務署	***-****	大阪市××区・・○丁目・・・	06-****-****	360,000	H28, 29	
4								
5								
6								
7								
8								
9								
10								
11								
12								
13								
14								
					合計	1,560,000		

⑷　財産目録の作成

　破産手続開始申立てでは，申立人の財産を記載した「財産目録」を提出しなければなりません（破規14条3項6号）。さらに，それらの財産に関する資料も提出します（破規15条）。会社の破産申立てでは，その会社の規模によって，個人破産に比べて預貯金，保険，車両，什器備品，不動産など多数存在するので，遺漏のないように作成します。

　財産の種類としては，預貯金，現金，有価証券，不動産，保険，車両など個人破産の時と同じですが，その数が違い，個人と比べるとかなり多くなるので，作業が増えます。また，個人破産の時とは異なり，什器備品や動産類に高価な物や，換価可能な物があることがあります。なので，その物が存置している場所へ行き，種類，数量，状態を把握して目録に記載するようにします。

　各裁判所により，財産目録の形式は異なります。全ての財産を総括した一覧表とともに財産の種類ごとの一覧表を必要としたり，全ての財産を1枚の表に記載したり，様々なので，申立てをする裁判所の様式を事前に調べておくようにします。

　各種の財産について，目録への記載事項や整理するための注意事項は以下のとおりです。

①　現　金

　　現金については，破産管財人に引き継ぐ金額を明確にしておくようにします。裁判所に納めるべき破産予納金と申立費用（印紙・郵券），その他，申立準備に必要な費用を除いた金額を記載します。

②　預貯金目録

　　預貯金については，金融機関，種類ごとに分類します。借入金と相殺予定のあるもの，相殺済みのものは，その旨を記載します。

　　申立前に解約して現金化したのであれば，

　　「平成○年○月○日，解約。現金にて申立代理人が保管」

　のように記載しておきます。もし，解約した預金を申立費用に充てたときは，

266 第Ⅲ章 実践編 2

「○○○円を申立費用に使用」

として明確にしておきます。

③ 受取手形・小切手目録

手形や小切手は，その所在と支払日を確認します。小切手の額面と回収見込額，裏書きの有無，裏書人の氏名を記載します。

受取手形が不渡りとなったのであれば，「平成○年○月○日　不渡り」と備考欄に記載します。

④ 売掛金目録

売掛金は申立前に回収して現金として保管しておく方が望ましいでしょう。その他，売掛先から支払を拒絶されるような事情（不良品の納品によるクレームなど）が予想される場合は，その旨を備考欄に記載しておきます。

⑤ 在庫商品目録

在庫商品に関しては，換価できる（売却できる）物かどうか，できるのであれば売却できる額（見込額）を記載します。在庫商品によっては売却時期があるので，申立前に売却できるのであれば売却して代金を保管し，破産管財人に引き継ぐようにして，在庫商品目録には

「売却済みであり，代金を保管」

のように記載しておきます。

⑥ 貸付金目録

貸付金を回収するには，債務者の経済状態も影響してくる（返済資金があるかないか）ので，回収が可能な場合，速やかに回収し現金として保管しておきます。

⑦ 不動産目録

不動産の価格については，固定資産評価額若しくは査定価額を調べ，その不動産に担保権が設定されているのでれば，その被担保債権額を差し引いて回収見込額とします。被担保債権額が固定資産評価額若しくは査定価額を超えている（オーバーローン）のであれば，回収見込額はゼロとなります。

⑧　機械・工具類目録

　　中古品で価値がないものであることが多いので，価格はゼロとなるでしょう。機械や工具類については，個別には価値がなく，買い取ってもらえる業者もいないと考えられるのであれば，「一式」として記載してもよいでしょう。

⑨　什器備品目録

　　什器備品類は個別に記載してもよいし，全体で価値を判断して売却することが多いので，「什器備品類一式」としてもよいです。中古品であればリサイクル価格もあり得ますが，ほとんど価値がないことが多いでしょうから，その場合は価格をゼロとします。

⑩　自動車目録

　　自動車については，自動車検査証（車検証）で所有者が申立人になっていることを確認します。自動車の保管場所を賃借し，賃借料がかかり，売却可能であれば，売却をして代金を保管し破産管財人に引き継ぐことも検討するようにします。売却見込みの価額は，簡易査定などで確認します。

⑪　電話加入権目録

　　電話加入権は，現在では，ほとんど価値が無いので，価額はゼロでよいでしょう。

⑫　有価証券目録

　　株式は，上場会社であれば作成時の終値を記載します。非上場会社であれば，評価方法として，会社の収益を基準に算定したり，株式の配当を基準にする方式，同業類似の企業を基準にする方式などで価値を算定します。

　　申立人である会社が信用金庫と取引をしており，信用金庫に出資しているのであれば，出資証券があります。その価値については出資額が返金されるならば，その額になりますが，融資を受けているため相殺されることもあります。各信用金庫によって取扱いが異なるので，確認しておくようにします。

⑬　賃借保証金・敷金目録

　　申立人である会社が，営業所や倉庫を賃借しているのであれば，その差し入れをしている保証金・敷金の額が名目額となりますが，賃料の滞納や原状回復費用を差し引いた額が価額（回収見込額）となります。明渡しをするまで賃料は発生するので，できれば申立前に賃貸借契約を解約し，明け渡したうえで，保証金・敷金を回収して保管しておくことも一つの方法です。

⑭　保険目録

　　申立人が契約している保険があれば，その解約返戻金があれば回収見込額を記載します。自動車保険や損害保険には掛け捨てのものが多いのですが，中には解約返戻金があるものもありますので，念のため確認しておきます。

⑮　その他の財産目録

　　どの目録にも該当しない財産があれば，ここに記載します。

① 財 産 目 録 （総括表・法人用）

No.	科　目	名目額(簿価額等)(円)	回収見込額(円)	備　考
1	現　金	1,348,981	1,348,981	引継予納金205,000円を含む
2	預　貯　金	87,988	0	
3	受取手形・小切手	409,800	109,800	
4	売　掛　金	3,682,212	0	
5	在　庫　商　品	50,000	0	
6	貸　付　金	3,742,970	0	
7	不　動　産	2,247,278	0	国税局・差押
8	機械・工具類	0	0	
9	什　器　備　品	90,000	0	
10	自　動　車	1,100,000	400,000	
11	電話加入権	0	0	
12	有　価　証　券	100,000	0	
13	賃借保証金・敷金	500,000	500,000	
14	保険解約返戻金	0	0	
15	そ　の　他	200,000	200,000	法人税還付金
	合計	13,559,229	2,558,781	

② 預貯金目録

No.	金融機関名	支店名	種類	口座番号	残高(円)	相殺予定	回収見込額(円)	備考	通帳等
1	○○銀行	○○支店	当座	1***460	0	□有	0	14,536円 H○.○.○付、相殺済み	■有
2	同上	同上	普通	27*89***87	0	□有	0	7,309円 H○.○.○付、相殺済み	■有
3	JOSOF銀行	ABC支店	当座	255***0	0	□有	0	2,822円 H○.○.○付、解約済み 管財人引継用に解約、現金として保管	■有
4	同上	同上	普通	126*0*91	0	□有	0	102,219円 H○.○.○付、解約済み、管財人引継用に解約、現金として保管	■有
5	大阪東南信用金庫	○谷支店	当座	1025**	87,988	■有	0		■有
6	関東西シティ銀行	丘○支店	当座	950***318	0	□有	0	9,549円 H*.*.*付、解約済み 管財人引継用に解約、現金として保管	■有
7	同上	同上	普通	82***440	0	□有	0	14,267円 H*.*.*付、解約済み、管財人引継用に解約、現金として保管	■有
				合計	87,988		0		

③ 受取手形・小切手目録

No.	振出人の氏名又は会社名	〒	住 所	TEL FAX	手形小切手番号	裏書人	支払期日	額面(円)	回収見込額(円)	回収できない理由
1	〇〇電業株式会社	***-*****	大阪市〇〇区***帳・・・	06-6***-****	CB238289	無	H.〇.〇.〇	300,000	0	H.〇.〇.〇不渡り
2	有限会社××製作所	***-*****	京都市〇京区F×・・・・	***-***-****	MJ998776	無	H.〇.〇.〇	109,800	109,800	
3										
4										
5										
6										
7										
8										
9										
10										
11										
12										
13										
14										
15										
16										
17										
18										
19										
20										
							合計	409,800	109,800	

④ 売掛金目録

No.	債務者の氏名又は会社名	〒	住 所	TEL FAX	金 額(円)	回収見込額(円)	回収できない理由	契約書等
1	㈱○○建設	***-****	大阪市○○区××町・・・	06-6***-****	3,306,500	0	H15.9〜10頃に倒産	□有
2	××興産㈱	***-****	八中市東町1-2-3	***-***-****	375,712	0	H10.11頃に倒産	□有
	合計				3,682,212	0		

⑤ 在庫商品目録

No.	品名	個数	所在場所	簿価等(円)	回収見込額(円)	換価可能性	備考
1	建設資材	150	本店内倉庫	50,000	0	なし	長期未使用の不良在庫のため無価値
2							
3							
4							
5							
6							
7							
8							
9							
10							
11							
12							
	合計			50,000	0		

⑥ 貸付金目録

No.	債務者の氏名又は会社名	〒	住所	TEL FAX	金額(円)	回収見込額(円)	回収できない理由	契約書等
1	㈱○×	***-****	○○県○○市××……	不明	932,970	0	H25倒産	■有
2	甲山一郎		不明	不明	2,810,000	0	友人・行方不明	■有
				合計	3,742,970	0		

⑦ 不動産目録

No.	種類	所在地	地番又は家屋番号	評価額(固定資産評価証明)又は審査価格(査定書)(円)	被担保債権額(円)	回収見込額(円)	評価証明書等	査定書	残額証明書被担保債権	備考
1	土地	大阪市○○区××町○丁目	43番9	1,398,766	0	0	■有	□有	□有	国税局・差押
2	土地	同上	43番10	283,774	0	0	■有	□有	□有	同上
3	建物	同上	43番地9	564,738	0	0	■有	□有	□有	同上
		合計		2,247,278	0	0				

⑧ 機械・工具類目録

No.	名称	個数	所在場所	簿価等（円）	回収見込額（円）	備　考
1	機械工具類一式		本店内	0	0	中古品・無価値
2						
3						
4						
5						
6						
7						
8						
9						
10						
11						
12						
	合計			0	0	

⑨ 什器備品目録

No.	品名	個数	所在場所	簿価等(円)	回収見込額(円)	備　考
1	事務机・椅子	6	本店内	50,000	0	中古品・老朽化、無価値
2	ロッカー	12	同上	20,000	0	同上
3	会議テーブル	5	同上	10,000	0	同上
4	パソコン	1	同上	10,000	0	旧型・老朽化
5						
6						
7						
8						
9						
10						
11						
12						
	合計			90,000	0	

⑩ 自動車目録

No.	車名	年式	登録番号	保管場所	簿価等(円)	回収見込額(円)	所有権留保の有無	車検証又は登録事項証明書	備考
1	ダイハヨ○○	○年	大阪53○は**-**	営業所	500,000	100,000	一有	■有	
2	ニッサン××	×年	大阪303ね××-××	本店	600,000	300,000	□有	■有	
3							□有	□有	
4							□有	□有	
5							□有	□有	
6							□有	□有	
7							□有	□有	
8							□有	□有	
9							□有	□有	
10							□有	□有	
11							□有	□有	
12							□有	□有	
				合計	1,100,000	400,000			

⑪ 電話加入権目録

No.	電話番号	所在場所	電話加入権の有無	休止の有無	時価(円)	滞納料金(円)	回収見込額(円)	備　考
1	06-6***-****	本店	■有	□有	0	0	0	
2	06-6***-****	同上	■有	□有	0	0	0	
3	06-6***-****	営業所	■有	□有	0	0	0	
				合計	0	0	0	

⑫ 有価証券目録

No.	財産の内容 (ゴルフ会員権・株式・出資証券等)	数量	証券番号	証券の所在	簿価等(円)	回収見込額(円)	取引相場資料	備　考
1	××信用金庫出資証券	1	10092	××信用金庫○○支店	50,000	0	□有	H○.○.○付、相殺済み
2	大阪××信用組合出資証券	1	74425	申立人代理人保管	50,000	0	□有	H○.○.○以降、相殺予定
				合計	100,000	0		

⑬ 賃借保証金・敷金目録

No.	賃借物件	差入額(円)	契約上の返戻金(円)	滞納額(円)	原状回復費用の見込額(円)	回収見込額(円)	契約書
1	営業所事務所	2,500,000	2,000,000	1,000,000	500,000	500,000	■有
2							□有
3							□有
4							□有
5							□有
6							□有
7							□有
8							□有
9							□有
10							□有
11							□有
12							□有
合計			2,000,000	1,000,000	500,000	500,000	

⑭ 保険目録

No.	保険会社	保険種類	証券番号	名目額(円)	回収見込額(解約返戻金)(円)	備　考	証券
1	損保NIHON	自動車保険	K12182**-0***		0	掛け捨て	■有
2	火災保険㈱	損害保険	***-****	0	0	掛け捨て	■有
			合計	0	0		

⑮ その他の財産目録

No.	財産の種類・内容	数量	所在場所	簿価等(円)	回収見込額(円)	備　考
1	法人税還付金		○○税務署	200,000	20,000	
			合計	200,000	20,000	

(5) 報告書の作成

　報告書は，端的に言えば申立人の現状や破産に至った事情を記載した書面です。破産法改正前は，審尋期日が指定され，申立人が裁判所に出頭して裁判官が直接申立人に対して質問をして，破産宣告（当時）をしていたのですが，バブル崩壊後，破産申立件数が増加したため，事件処理の運用が変わり，最初に書面にて審査した上で，問題有りと判断される案件だけ審尋期日を指定するという方式に変わっていきました。

　書面審査をするにあたり，審尋に代わって，申立人の事情について詳しく記載した書面の提出を求められるようになりました。これが「報告書」又は「陳述書」とよばれるものです。

　この「報告書」ですが，現在では裁判所で用意した書式があり，それに従って内容を埋めていくという方式で作成するようになっています。というのも，各申立人（代理人）が作成すると，項目の立て方や順序，内容などがバラバラになり，審査する裁判所は読んで内容を把握するのに時間がかかり

ます。また，申立人に全て任せると，破産事件とは無関係な内容（取引先への苦情や非難，破産に至った責任が自分に無いとの内容など）が多く記載され，ただでさえ事件数が多く，審査に時間がかかるのに更に手間が増える，ということになったので，裁判所側が申立書や添付書類の基本書式を作成して，それを使用して申立てをするという形式に落ち着きました。ですので，報告書に限らず，申立予定の地方裁判所で用意されている書式を利用して作成するようにします。

　法人の破産申立ての報告書で記載する事項として，ほぼ共通している項目は，以下のとおりです。ただ，破産事件は申立人（債務者）それぞれに固有の事情があるので，具体的にどのような事柄を記載するかは，事案によって異なり，一般的にどうすればよいかという定型的なものは無いと考えた方がよいでしょう。

① 　法人（会社）の名称，設立の経緯，活動（営業）内容，従業員の状況（解雇済みか否か），労働組合の有無

　　活動（営業）内容は，商業登記上の目的として記載されてはいますが，ここでは，実際に行っていた内容を記載します。従業員の状況については，既に解雇済みかどうか，未払給料・退職金・解雇予告手当などはあるか，などです。労働組合に関することでは，破産手続開始の公告は労働組合等に通知しなければならず（破32条3項4号），営業譲渡・事業譲渡などについても労働組合の意見を聴かなければならないこととなっています（破78条4項）。そこで，破産管財人が選任された後，管財事件として手続を進めていく上で，労働組合との調整が必要になることがあるので，その存在についてあらかじめ申告しておく必要があります。

② 　本店，営業所，工場，倉庫などの所有又は賃借状況

　　本店事務所や営業所，その他に法人が拠点としているところがあれば，そこの不動産は，法人の所有物件なのか賃借物件なのか，賃借物件であれば明渡しは完了しているのか等を記載します。

③ 　支払不能，支払停止となった時期・原因

　　直接の破産原因が発生した時期，その原因を記載します。株式会社であれば，手形不渡りによる銀行取引停止処分など具体的にどのようなこ

とが起こったか（発生したか）を記載するようにします。

④ **会社の財産状況，財産処分の有無**

不動産や貸付金など，会社の資産について記載します。申立前に申立代理人側で処分した財産があればそれも記載します。その他，一部の債権者から強要されて財産処分をしたことがあれば，破産管財人による否認の対象となり得るので，その経緯について詳しく記載します。

⑤ **係属している訴訟の有無**

破産者が当事者となっている訴訟が係属しているのであれば，破産手続開始決定により訴訟手続は中断するので（破44条），事件番号，事件名，相手方の氏名を記載します。

⑥ **破産に至った事情**

裁判官が審査するために必要な事柄を申告します。資金不足が発生した事情（取引先からの取引停止，発注調整による注文の減少，取引先の倒産など）を具体的に記載し，粉飾決算や会計帳簿を付けていない等の事情がある場合は，詳しく記載します。

(6) 申立書類の提出

① 申立ての方式

　破産手続開始の申立ては書面ですることとなっており（破20条1項），申立てに必要な添付書類とともに，管轄となっている地方裁判所（本庁又は支部）に提出します。提出先の窓口は，申立てをする裁判所で違いがあり，破産部が直接受付をする所もあれば，一般の民事事件を一括して受付をする窓口に提出することもあります。申立てをする裁判所がどのような方式を採用しているか，事前に確認しておくようにします。

② 申立手数料

　破産手続開始の申立手数料は，負債や財産の額に関係なく自己破産・準自己破産の場合は1,000円（民事訴訟費用等に関する法律別表第1の16項），債権者破産申立ての場合は20,000円（同法別表第1の12項）です。申立人が自然人の場合は，免責許可の申立てを併せて行うことが多いのでその手数料として500円を併せて納めますが，法人の場合は，破産手続が終了した後，法人格が消滅するので，免責許可申立てはしません。これら

の手数料は収入印紙で納付します。

③　**納付郵券**

　裁判所が関係者に対し通知・書類等を郵送することがある場合には，あらかじめそのための郵券を予納する必要があります。これについては，金額と券種が指定されているので，それに合致する郵券を納付します（納付する郵券の合計金額が合っていればよいわけではありません）。金額と券種については，裁判所ごとで多少の違いがあるので，事前に裁判所に確認をするようにします。

④　**破産予納金**

　破産手続開始の申立てにあたり，申立人は破産手続の費用として裁判所の定める金額を予納しなければなりません（破22条1項）。これは，破産手続を進める費用として使われるものですから，最終的には破産管財人の手元に渡るものなのですが，その流れについては，各裁判所ごとに違いがあります。その方法としては，

　ア　申立代理人から直接，破産管財人に引き継ぐ方法。
　イ　申立代理人が一旦，裁判所に納付し，裁判所から破産管財人に
　　　交付する方法。

があります。アは大規模な裁判所で採用されていることが多く，申立案件が多いので，手続の一部を申立代理人と破産管財人に委ねているもので，イは破産法改正前に採られていた方法で，全ての案件で一旦裁判所に保管金として納付していました。手続費用の予納が破産法で規定されていることからすると，一旦裁判所に納付するのが本来なのでしょうから，今でも採用している裁判所はあります。

　予納金の額は，各裁判所ごとに一定の基準が設けられていますが，本来は破産財団となるべき財産の価額・内容や負債総額，債権者数，その他一切の事情を考慮して決定され（破規18条1項），金額もそれなりに高額で用意するのに時間がかかることもあるので，申立準備の段階で事前に確認を忘れないようにする必要があります。

　予納金は，破産管財人に引き継がれるもののほか，官報への公告掲載

費用として使われるものもあるので，公告掲載費用に当たる分は裁判所に納めることになります。

⑤　申立ての手順・流れ

申立手続の手順・流れは，裁判所書記官側の事件処理の方法が関わってくるので，裁判所ごとにやり方が違う，ということを認識しておくことが必要です。

「○○の裁判所ではこうしてくれたのに，こっちの××の裁判所ではやり方が違う！」

と言って，裁判所でやり方が統一されていないということに不満を言う人もいますが，それを言っても何も始まりませんし，事務処理の違いはやむを得ないことなので，各裁判所の手順に従うようにするべきでしょう。

おおまかにいえば，

> ア　申立書・添付書類の提出
> イ　破産管財人候補者の選任
> ウ　官報公告費用の納付
> エ　破産手続開始決定の期日の調整
> オ　破産管財人への資料等の引き継ぎ
> カ　破産手続開始決定の受領

という流れになるでしょう。

⑺　破産手続開始申立ての取下げの制限

破産手続開始の申立てがされると，申立人は，破産手続開始決定が出される前に限って，申立てを取り下げることができます（破29条）。ただし，決定前に中止命令や包括的禁止命令などの保全処分が出されている場合は，取下げにあたって裁判所の許可が必要となります。これは，破産申立ての前に中止命令や包括的禁止命令によって，他の債権者の権利行使を制限しておきながら，申立ての取下げを自由に認めてしまうと，権利行使を制限された債権者に損害を与えることになってしまうからです。

破産手続開始決定が出された後は，全ての破産債権者のために手続が進行していくことになるので，取下げは認められなくなります。

(8) 申立後，破産手続開始決定までの流れ

現在では，破産事件の処理を効率化するために，様々な工夫が各裁判所でされています。細かい部分は各裁判所で異なりますが，おおまかには同じような流れになります。破産手続開始の申立てをした後，補正等の指示が出され（補正箇所が無ければ補正はありません），破産手続開始決定が出せるようになると，開始決定前に申立代理人がするべきことが裁判所から指示されます。ここで，一例として以下の手続の流れを紹介します。

① **財産状況報告集会等の期日調整**

破産管財人の候補者が決まれば，裁判所と破産管財人予定者とで財産状況報告集会の期日を調整します。この期日が決まれば，申立代理人に通知されるので，申立人である破産者（及びその代表者）に連絡します。

② **破産管財人（候補者）との面談期日の調整**

手続の効率化のため，破産法改正後は，申立人である破産者の審尋は原則として行われません。そこで，破産管財人（候補者）は，申立代理人から事情を聞いたり，資料を引き継いだりする必要があります。その面談をする期日を申立代理人と破産管財人（候補者）との間で調整します。

③ **破産管財人への資料等の引継ぎ**

申立代理人より破産管財人（候補者）に資料等を送付します。書類の原本（預金・保険関係などの資料）や重要なものは，直接に破産管財人（候補者）に手渡すようにしますが，申立書の副本や添付書類の写しは早めに交付するようにします。

引継予納金は，現金持参か破産管財人口座への送金などの方法がありますが，安全性の観点から管財人口座が開設された後に，振込送金する方がよいでしょう。

④ **破産管財人への情報提供**

破産管財人（候補者）と面談をする際に管財事務の効率化のため，

ア　売掛金の回収可能性

イ　経理・財産・未払給与関係

ウ　係属中の訴訟に関すること，民事保全，民事執行を受けている場合のその事件に関すること

の情報を提供します。また，破産管財人（候補者）から要請があったものに対して対応できるように準備をしておくようにします。

⑤　破産手続開始決定の受領

破産手続開始決定期日に，裁判所より開始決定を受領します。

4 破産管財事件の申立準備（自然人の場合）

4 破産管財事件の申立準備(自然人の場合) 289

「自然人」とは「個人」と通常よんでいるもので、法律用語で「法人」に対するものです。「法人」が法律の規定に基づき法的に人格を与えられたものであるのに対し、「自然人」は法律の規定に関係なく、生まれながらに人格を取得しているものです。簡単に言えば「人（ヒト）」、人間のことです。ここでは「個人（自然人）」と表記します。

自然人が管財事件となる破産申立てをするケースとしては、

---

① その個人（自然人）が法人の代表者であり、法人の破産申立てと同時に申立てをする場合
② 自然人に破産財団を構成し得るだけの財産がある場合
③ 同時廃止の申立てをしたが、管財手続に移行された場合

があります。

(1) 本人の確認

まずは、依頼者（債務者）の住所・氏名・生年月日を確認します。このときに、
① 氏名の読み方を確認
② 姓名・住所等が変更していないかを確認
します。特に②では、旧姓名・旧住所で借入れ等をしたことがあるかどうかを確認します。

(2) 管轄の確認

破産申立てにあたり、提出する書面、資料等については、裁判所ごとに多少の運用の違いがあるので、どこの裁判所に申立てするかをあらかじめ調べておく必要があります。

管轄の選択方法は、次のとおりになります。
① 申立人（債務者）が個人事業主のように事業をしている、つまり営業者であるとき、その主たる営業所の所在地を管轄する地方裁判所が管轄裁判所となります。この「主たる営業所」は、事業を行っている場所を

自宅以外に賃借しているのであればそこになりますし，自宅で行っているのであれば自宅が主たる営業所となります（破5条1項）。

② 申立人（債務者）が営業者でないとき，又は営業者であっても営業所を有しないとき，申立人（債務者）の普通裁判籍の所在地を管轄する地方裁判所が管轄裁判所となります（破5条1項）。

③ 申立人（債務者）が法人の代表者で，法人の破産申立と同時にする場合は，その法人の破産申立ての管轄裁判所に申立てをすることができます（破5条3項〜7項）。

④ 個人（自然人）を債務者とする破産申立てではあまり現実的ではないかもしれませんが，破産債権となるべき債権を有する債権者の数が500人以上の場合は，管轄裁判所の所在地を管轄する高等裁判所の所在地を管轄する地方裁判所が管轄裁判所となり（破5条8項），破産債権となるべき債権を有する債権者の数が1000人以上の場合は，東京地方裁判所又は大阪地方裁判所に管轄権が認められます（破5条9項）。

⑶ 債務の確認・債権調査

　本人の確認ができたら，次に債務関係の確認をします。このあたりは法人の破産申立てのときとほぼ同じです。債権者名，債務額を依頼者（債務者）の記憶から聞き取りをして，依頼者（債務者）が持っている資料（請求書，督促状など）から債権者の情報を整理します。ただ，債務者が個人の場合，知人や親族から借入れをしていることもあり，そのようなケースでは契約書，借用書等が無いということが多く，また，連帯保証人となっていることも多いので，債権調査が必要となってきます。

　そこで，各債権者に対し，

---

① 債務者の代理人になった旨の「受任通知書」
② 債権の内容を問い合わせ，回答をもらう「債権調査票」

を送付します。弁護士が代理人となって債権者に受任通知を発送すると，貸金業者は取立てをすることができなくなります（貸金業規制法21条1項）。ただ，この金融業者からの取立て・督促がなくなると，債務者の中には安心し

てしまって，また新たな借入れをしようとする人もいます。そのような行為は詐欺的行為との評価を受け，免責不許可事由となり得ます（破252条1項5号）。さらに，友人・知人・親族など一部の特定の債権者にだけ返済したりすると「偏頗弁済」として，後に破産管財人より否認されることになります。ですから，受任通知を発送する際は，依頼者（債務者）にそのようなことを絶対にしないよう説明をしておく必要があります。

(4) 資産の調査

　個人破産の場合には，その依頼者がどのような財産を持っているかを調査しなければなりません。「財産」というと何だか価値があるものを想像しますが，価値のあるなしではなく，その人が何を持っているかを調べなければなりません。そして，その「財産」の価値総額が低く，破産財団を構成しても手続費用すら出せそうにないと思われると同時廃止の申立てを検討することになるでしょうし，「財産」の価値総額が高いと判断すれば，管財事件として申立てをすることになるでしょう。実際には，各裁判所である程度の基準が設けられているので，それに従い判断することになりますが，その前提として，申立人となる依頼者（債務者）の資産（財産）を調べる必要があります。

① 現　金

　　依頼者（債務者）が所有している全ての現金の額を調べます。現金は99万円までは本来的自由財産となりますが，裁判所によっては，現金と普通預金との合計金額が一定金額（50万円又は99万円など裁判所によって異なります）を超えると同時廃止ではなく管財事件として受理するという基準があります。

② 預貯金

　　依頼者（債務者）の個人名義の預金通帳を全て預かります。現時点で生きている口座だけでなく，過去2年以内に解約したもの，解約はしていないが残高がゼロのものなど，全て預かります。記帳した結果，「おまとめ」や「一括記載」の部分があれば，その部分の取引明細を取り寄せるようにします。

普通預金は現金と同等に扱う運用を採っている裁判所が多いので，その場合は自由財産拡張に影響が出ることを考慮しておきます。

③　収　入

ア　給与，賞与，報酬

依頼者（債務者）が給与所得を得ているのであれば，直近２か月の給与明細の写し，過去２年分の源泉徴収票又は確定申告書の写しを用意してもらいます。

生活保護などの公的扶助を受けているのであれば，その受給証明書の写しを提出してもらうようにします。

会社役員などで給与ではなく報酬を受け取っているのであれば，給与所得者と同じく直近２か月の報酬明細の写し，過去２年分の源泉徴収票又は確定申告書の写しを提出してもらいます。

イ　退職金請求権

既に退職して，退職金を受け取っているのであれば預貯金若しくは現金になっていますが，現在勤続中である場合，将来の債権として，会社（雇用主）に対して退職金請求権を持っていることになります。

退職金は退職しないともらえないので，勤続していれば関係ないと思われるものですが，退職金とは勤続した期間に応じた賃金の後払いの性質があるとされているので，勤続中であってもその勤続期間に応じて退職金の請求権があり，退職するときに履行期が到来する，ということになります。

実際に会社（雇用主）に請求することはできないので，退職金規程によって計算した金額の８分の１にあたる額を破産財産に組み入れるという運用を採っている裁判所が多いです。

④　貸付金など

依頼者（債務者）が他人にお金を貸している，事業者で売掛金がある，というのであれば，お金を貸した相手の住所氏名と金額，売掛先の名称・所在地，売掛金の発生原因と時期などを申告してもらいます。その際，借用書や契約書があれば，それを提出してもらいます。

⑤　積立金など

　　給与所得者の場合は，会社の社内積立，財形貯蓄などがありますし，個人事業主の場合は，業種によっては事業保証金などがあります。依頼者（債務者）がどのような立場にあるかによって違いますが，依頼者（債務者）から聴取しておくようにします。

⑥　保険（生命保険，損害保険，火災保険など）

　　契約者が依頼者（債務者）で，未解約又は過去2年以内に解約，失効した保険について，保険証券（未解約のもの）及び解約返戻金計算や失効通知書などを提出してもらうようにします。これらは，破産申立ての際に添付書類として提出します。

　　解約返戻金計算書や失効通知書などが無いときは，保険会社に連絡し，計算書の再発行と失効証明書を作成・交付してもらう必要があります。依頼者（債務者）の代理人として保険会社に連絡をとってもよいのですが，委任状，その他に様々な書類の提出を要求されたり，又は本人でなければ交付しないという保険会社もあるので，できるだけ依頼者（債務者）に手続をとってもらうようにします。

　　解約返戻金が20万円を超えるなど高額になる場合は，それは破産財団に属することになるのですが，生命保険など，今後の依頼者（債務者）の生活において解約せずにそのまま継続して掛けていることを依頼者（債務者）が望むこともあります。その場合は解約返戻金に相当する額若しくは何割かに当たる額を別途破産財団に組み入れることにより，破産財団が保険（解約返戻金）を放棄するという方法もありますので，依頼者（債務者）の意向を確認したうえでどのような方法を採るべきかを検討する必要があります。

⑦　有価証券（手形，小切手，株式など）及び会員権など

　　有価証券類は，それぞれの写し（コピー）を提出することになるので，依頼者（債務者）が持っている有価証券類を全て提出してもらうようにします。手形や小切手などは，法人破産の場合と同様に，支払期日に呈示することを忘れないようにします。

⑧　車両（自動車，バイクなど）

　　乗用車，バイクなどの車両を所有している場合，自動車検査証若しくは登録事項証明書の写しを提出します。個人が自動車を保有している場合，現金で購入している場合と，ローンで購入している場合があり，ローンで購入しているときは，支払が終了しているときとそうでない場合があります。ローンで購入しており，ローン会社（金融機関や信販会社）が所有権留保している場合はローン会社に連絡して，ローン会社が車両を引き取るのであれば，その手配をします。

⑨　不動産

　　不動産を所有しているのであれば，その登記事項証明書（登記簿謄本）を提出します。住宅ローンを利用して不動産を購入し，そのローンが未完済であれば，ローン会社（金融機関を利用していることが多い）の抵当権が設定されていることがほとんどです。抵当権の被担保債権の残額が物件の価額を超えている（オーバーローン）の場合，裁判所の運用にもよりますが，残債務額が不動産価額の1.5～2倍であれば，破産財団に組み入れる財産に値しないと考えて同時廃止が認められることもありますので，添付資料としてその不動産の簡易査定書（不動産会社が査定するものです）や不動産鑑定士による評価書などを準備します。

⑩　購入した財産，処分した財産

　　過去5年以内に絵画や骨董品，貴金属など価格が20万円を超えるものを購入していた場合は，品名，購入価格，取得時期，評価額（時価）を調べます。

　　不動産や自動車，定期預金や保険の解約などをした場合，処分した財産の種類と処分価額を上申書にして提出して，その処分したことがわかる資料を一緒に提出します。

⑸　申立代理人側の準備

①　クレジットカード等の保管

　　受任後，依頼者（債務者）が新たな借入れや購入を防止するためにクレジットカードや実印・印鑑登録証明などを申立代理人側で保管します。

クレジットカードは，クレジットカード会社から返却を求められることもありますので，その場合は，返却前にコピーをとっておくようにします。

② その他必要な書類の収集

破産申立てにあたり，住民票（世帯全員，マイナンバーと住基コードを除いて記載の省略のないもの）を収集し，依頼者（債務者）が既に判決や差押えを受けているときは，その判決正本，差押命令正本を提出してもらいます。

その他，各裁判所の運用によって提出する必要がある資料などが異なるので，必ず確認するようにします。

③ 予納金の準備

予納金の額は，裁判所が決めるのですが（破22条1項），裁判所ごとに一定の基準が定められているので，それを基準に申立人に用意してもらうようにします。

多くは，管財事件については，最低で20万円くらいですが，債務額が大きい，債権者数が多いなどの事情によって変動するので，あらかじめ裁判所に問い合わせておくようにします。

(6) 申立書の作成

申立書の様式は，各裁判所が用意している定型用紙によって多少の違いがありますが，おおむね記載することは共通しています。

① 申立書

当事者の表示・住居所については，旧姓で借入れをしている，通称名で取引をしている，個人事業者で屋号で取引をしている等の事情がある場合，「旧姓」・「通称名」・「屋号」を記載します。住居所については，住民票記載の住所地を生活の拠点としているのであればそこが住所となり，生活の拠点が住民票の住所と違う場合は，その場所を記載します。

管財人への引継予定の現金，法人の代表者の場合の法人破産の申立てを同時に行うか否か，個人事業者か否かをそれぞれ記載します。

債務の状況や財産の状況についても記載します（【巻末資料7】参照）。

② 報告書

申立人の経歴，家族の状況，住居の状況を記載します。

さらに破産に至った事情として，借金をした理由や支払不能となった時期，現在の状況になった具体的な事情を記載します。

次に，免責不許可に関する事由の有無について記載します。浪費，廉価処分，偏頗弁済，詐術による借入れなどが無いかを記載します。

③ 債権者一覧表

法人破産と同様です。

④ 財産目録

現金，過払金の有無，法人破産の場合と同様です。

(7) 自由財産の拡張申立て

個人（自然人）の管財事件の破産申立てでは，同時廃止のときとは違い，自由財産拡張申立ての手続があります。

申立ての方式は，各裁判所での運用に多少の違いがあるので，必ず事前に方式を確認しておくようにします。

(8) 申立書の提出から提出後の流れ

申立書等の書類が整ったら，それを管轄裁判所に提出します。各裁判所で手続が多少異なるのですが，大筋は共通しています。ここからは流れは各裁判所によって異なる運用がなされているということを念頭において下さい。

① 申立書類の提出から官報公告費納付まで

管轄裁判所に破産手続開始申立書と添付書類を提出します。直接，裁判所の窓口に提出するのが通常ですが，管轄裁判所が遠方にある場合は，郵送により提出することもできます。

まず，担当部の窓口に申立書と必要な添付書類を提出します。申立手数料については，裁判所指定の定型用紙を使用しているのであれば，指定箇所に収入印紙を貼付し，予納すべき郵券（郵便切手）を納めます。

申立書を提出した後，申立ての要件が整っているかを裁判所書記官により審査されます。この審査は

```
ア　管轄裁判所は正しいか
イ　住民票による申立人の確認
ウ　委任状，登記事項証明書などの書類の確認
```

などが行われます。

　書記官による審査の結果，申立てそのものに問題が無ければ，裁判所により異なりますが，おおよそ次の2通りのどちらかになると考えられます。

　　(ｱ)　裁判官との面接の日時が指定され，その後で管財人候補者が決められる。

　　(ｲ)　書面による審査が行われ，必要書類の追完，疎明・事情説明の補充などが指示される。その結果，問題がないと判断されれば管財人候補者の選任がなされる。補充したが問題があるとなった場合は裁判官による面接又は審尋の期日が指定され，申立ての却下若しくは管財人候補者を選任する。

　上記の(ｱ)(ｲ)のいずれにしても，破産手続開始決定を出すべき事案であると判断されれば，予納金の額が決められ，裁判所は管財人の選任を行います。

　予納金の額が決まると，裁判所に納付する費用（官報公告費）については「保管金提出書」が交付されるので，

　　(ｱ)　裁判所の会計課（出納課）で納付する。

　　(ｲ)　遠方の裁判所である場合，予納金にあたる額の振込手続をした後，振込書控えと保管金提出書を裁判所に郵送する。

のいずれかの方法により納付します。

② **申立提出後，第1回財産状況報告集会まで**

　管財人候補者が決まるのと同時に，又は相前後して，「第1回財産状況報告集会」の期日が指定されます。

　管財人が決まると（正確には，破産手続開始決定が出されるまでは「管財人候補者」ですが），管財人用の申立書副本及び添付書類を管財人に交付します。これも，

> (ア) 裁判所に一旦提出し，裁判所から管財人に交付される。
> (イ) 申立代理人から直接，管財人へ交付する（管財人の事務所に送る）。

の方法があります。今はほとんど，(イ)の方法で行われていることが多いと思います。というのも管財事件では，申立人の財産に関する資料が多岐にわたることが多く，それを全て裁判所で一旦預かるということになると，かなりの量になることがあります。そうなると，申立代理人から裁判所，管財人と渡る間に紛失や破損が起こり得ることもあります。また，管財人に交付するまでそれを裁判所で保管・管理するのは，事務手続上，困難又は不可能となり得るので，申立代理人から直接交付した方が簡易・安全ということから，(イ)の方法を採用している裁判所が多いのでしょう。

　さらに，裁判所によって異なるのですが管財人に引き継ぐ予納金も同じように，

> (ア) 裁判所に一旦予納したうえで，管財人に送金される。
> (イ) 申立代理人から直接，管財人の口座へ振込み若しくは管財人に現金で交付する。

の方法がありますが，これもその裁判所での係属案件の多い少ないによって違うのでしょうが，(イ)の方法を採っている裁判所が多いでしょう。いずれにしても，申立てをする裁判所で方法を確認しておくことが必要でしょう。

　第1回財産状況報告集会までに，管財人から破産者又は申立代理人に対して協力を求められることがほとんどです。というのも，管財人としても書類上の表面的なことしかわからないので，事実関係の補充の意味を含めて事案の詳細を本人である破産者やその申立代理人に対して質問する必要があるからです。協力を求められた場合はでき得る限り協力しなければなりませんし（破規26条2項），破産者自身は管財人に対して，破産手続に関して必要な説明をしなければなりません（破40条）。これは破産者の最も重要な義務となり，説明を拒んだり虚偽の説明をすると，

刑事責任が発生したり（破268条），免責不許可になる可能性もあります（破252条）。

　第1回財産状況報告集会では，管財人から債権者に対しての説明が行われますが，ここに申立代理人が出席することがありますので，管財人とその点について協議しておく方がよいでしょう。

　ここまでで，ほぼ申立代理人としての仕事は，一旦終わります。破産手続開始後も，新たな債権者が判明したり，破産者が転居したりするようなことがあれば，その手続をすることもありますが，おおむね，ここまでで一段落と考えてよいでしょう。

巻末資料 | 301

【巻末資料1】 破産手続開始申立書（同時廃止の例）

印　紙

(1500 円)

破産手続開始申立書

（同時廃止）

平成　　年　　月　　日

○○地方裁判所　御中

申立代理人弁護士（担当）_____印___
送達場所　　〒_____
TEL（　　）　　　　－　　　　　FAX（　　）　　　　－

(ふりがな)
申立人氏名　_____（旧姓）_____
生年月日　（大・昭・平　　年　　月　　日生）（　　歳）
本籍・国籍　□　住民票本籍欄記載のとおり　□国籍_____
住　居　所　□　住民票記載のとおり
　　　　　　□　（住民票と異なる場合）〒_____
電話番号　　_____

申　立　て　の　趣　旨

1　債務者（申立人）について破産手続を開始する。
2　本件破産手続を廃止する。
3　債務者を免責する。
との裁判を求める。

申　立　て　の　理　由

　申立人は，
　債権者_____名に対し，
　金_____円の債務
を負担しているが，支払不能状態にある。また，破産財団を構成すべき財産がほとんどなく，破産手続の費用を支弁するに足りない。

※各裁判所による型式の違いに注意してください。

【巻末資料２】 債権者一覧表（同時廃止の例）

債 権 者 一 覧 表

番号	債権者名	住所	現在の債務額（円）	借入・購入等の日	使途	備考
1		〒	円	平成　年　月　日	□住宅ローン □物品購入 □生活費 □飲食遊興費 □返済・保証 □その他	
2		〒	円	平成　年　月　日	□住宅ローン □物品購入 □生活費 □飲食遊興費 □返済・保証 □その他	
3		〒	円	平成　年　月　日	□住宅ローン □物品購入 □生活費 □飲食遊興費 □返済・保証 □その他	
4		〒	円	平成　年　月　日	□住宅ローン □物品購入 □生活費 □飲食遊興費 □返済・保証 □その他	
5		〒	円	平成　年　月　日	□住宅ローン □物品購入 □生活費 □飲食遊興費 □返済・保証 □その他	
14		〒	円	平成　年　月　日	□住宅ローン □物品購入 □生活費 □飲食遊興費 □返済・保証 □その他	
15		〒	円	平成　年　月　日	□住宅ローン □物品購入 □生活費 □飲食遊興費 □返済・保証 □その他	
16		〒	円	平成　年　月　日	□住宅ローン □物品購入 □生活費 □飲食遊興費 □返済・保証 □その他	
債権者数	名	合計額（うち住宅ローン）	0円　円	住宅ローンと保証債務　円，保証債務	住宅ローンと保証債務を除いた額　0円）	0

※**各裁判所による型式の違いに注意してください。**

【巻末資料3】 債権者一覧表（公租公課・同時廃止の例）

公租公課 債権者一覧表

種類	納付先	電話番号	年度	滞納額（円）
所得税				円
住民税				円
固定資産税				円
事業税				円
国民健康保険料				円
年金				円
自動車税				円
相続税				円
				円
			合計	円

※**各裁判所による型式の違いに注意してください。**

【巻末資料４】財産目録（同時廃止の例）

財　産　目　録

1　不動産
　　□ある
　　□ない
　　ある、を選択した場合
　　　※　登記簿謄本及び固定資産評価証明書を提出してください。
　　　※　被担保債権額については，債権者が発行する現在残高の証明書を提出してください。
　　(1)種類（□土地　□建物　□マンション　　計　　筆）
　　　　名義人氏名（□本人　□その他＿＿＿＿＿＿＿＿・あなたとの関係＿＿＿＿＿）
　　　　取得時期（昭・平＿＿＿年＿＿＿月）
　　　　購入価格（＿＿＿＿＿＿＿万円，□相続　□その他＿＿＿＿）
　　　　担保に□入っていない
　　　　　　　□入っている
　　　　　　　　　ア　担保権者の氏名・会社名　　　　イ　担保権者の氏名・会社名
　　　　　　　　　　＿＿＿＿＿＿＿＿＿＿＿＿＿　　　　＿＿＿＿＿＿＿＿＿＿＿＿＿
　　　　　　　　　　債務者　　　　　　　　　　　　　　債務者
　　　　　　　　　　（□本人□その他＿＿＿＿＿）　　（□本人□その他＿＿＿＿＿）
　　　　　　　　　　被担保債権額　　　　　　　　　　　被担保債権額
　　　　　　　　　　（申立日現在＿＿＿＿＿万円）　　（申立日現在＿＿＿＿＿万円）

2　現　金　□ない　□ある（＿＿＿＿＿＿万＿＿＿＿＿＿円）
　　預貯金　□ない　□ある（＿＿＿＿＿＿万＿＿＿＿＿＿円）

3　貸付金等
　　□ない
　　□ある
　　(1)□貸付金□その他（＿＿＿＿＿）
　　　　相手方の名前＿＿＿＿＿＿＿＿＿＿＿
　　　　金　額　＿＿＿＿＿＿万＿＿＿＿円
　　　　回収可能性　□ある□ない
　　　　　回収できない理由
　　　　＿＿＿＿＿＿＿＿＿＿＿＿＿＿＿＿＿＿＿＿＿＿＿＿＿

※各裁判所による型式の違いに注意してください。

4 自動車
　□ない
　□ある
　　車名＿＿＿＿＿＿＿＿＿＿　（平成＿＿＿＿年式）
　　　ローンは□終わっている　□残っている
　　　　　　（債権者＿＿＿＿＿＿＿＿　残額＿＿＿＿＿＿＿＿万円）
　　名義（　□本人□ディーラー　　　　　　名義（□本人□ディーラー
　　　　　　□その他＿＿＿＿＿＿　）　　　　　　□その他＿＿＿＿＿＿）
　　年式が現在から５年以内の場合は時価　　年式が現在から５年以内の場合は時価
　　　（＿＿＿＿＿＿＿＿万円）　　　　　　（＿＿＿＿＿＿＿＿万円）

5 生命保険・損害保険の保険契約
　□ない
　□ある
	保険の名称	保険会社	加入年月日	毎月の保険料	返戻金額
(1)	＿＿＿＿＿	＿＿＿＿＿	・　・	＿＿＿＿＿	＿＿＿＿＿万円
(2)	＿＿＿＿＿	＿＿＿＿＿	・　・	＿＿＿＿＿	＿＿＿＿＿万円
(3)	＿＿＿＿＿	＿＿＿＿＿	・　・	＿＿＿＿＿	＿＿＿＿＿万円

【巻末資料5】報告書（同時廃止の例）

平成　年　月　日

報　告　書

○○地方裁判所　　　御　中

申　立　人　＿＿＿＿＿＿＿＿＿＿＿＿＿＿　印

申立代理人　＿＿＿＿＿＿＿＿＿＿＿＿＿＿　印

第1　申立人の経歴等

1　職歴（現在から申立ての7年前まで）

就業期間	種　　　別	平均月収（円）
就業先（会社名等）	地位・業務の内容	退職金の有無
（例）2018年4月〜同年6月	☑勤め □パート等 □自営・法人代表者	14万円
（株）××産業	□無職	□有 ☑無
年　　月〜　現　在	□勤め □パート等 □自営・法人代表者	円
	□無職	□有 □無
年　　月〜　年　　月	□勤め □パート等 □自営・法人代表者	円
	□無職	□有 □無
年　　月〜　年　　月	□勤め □パート等 □自営・法人代表者	円
	□無職	□有 □無
年　　月〜　年　　月	□勤め □パート等 □自営・法人代表者	円
	□無職	□有 □無
年　　月〜　年　　月	□勤め □パート等 □自営・法人代表者	円
	□無職	□有 □無
年　　月〜　年　　月	□勤め □パート等 □自営・法人代表者	円
	□無職	□有 □無
年　　月〜　年　　月	□勤め □パート等 □自営・法人代表者	円
	□無職	□有 □無

※各裁判所による型式の違いに注意してください。

2 婚姻，離婚歴等

時　　期	相手方の氏名	事　　　　由
（例）2015 年 4 月 1 日 現　在	今野　緒久三	☑婚姻 □離婚 □内縁 □内縁解消 □死別 □婚姻 □離婚 □内縁 □内縁解消 □死別
（例）2010 年 4 月 8 日 2017 年 5 月 29 日	真江野　津摩	☑婚姻 □離婚 □内縁 □内縁解消 □死別 □婚姻 ☑離婚 □内縁 □内縁解消 □死別
年　　月　　日 　年　　月　　日		□婚姻 □離婚 □内縁 □内縁解消 □死別 □婚姻 □離婚 □内縁 □内縁解消 □死別
年　　月　　日 　年　　月　　日		□婚姻 □離婚 □内縁 □内縁解消 □死別 □婚姻 □離婚 □内縁 □内縁解消 □死別
年　　月　　日 　年　　月　　日		□婚姻 □離婚 □内縁 □内縁解消 □死別 □婚姻 □離婚 □内縁 □内縁解消 □死別
年　　月　　日 　年　　月　　日		□婚姻 □離婚 □内縁 □内縁解消 □死別 □婚姻 □離婚 □内縁 □内縁解消 □死別

3 家族構成

氏　　　名	続柄	年齢	職業・学年	同居・別居	平均月収（円）
	配偶者			□同 □別	
	子			□同 □別	
	子			□同 □別	
				□同 □別	

4 死亡した父母の相続の状況

被相続人氏名	続柄	相続発生日	相続状況（放棄，遺産の処理）
（例）井産有蔵	父	2001 年 5 月 10 日	□遺産なし・□放棄・☑分割済・□分割未了
		年　　月　　日	□遺産なし・□放棄・□分割済・□分割未了
		年　　月　　日	□遺産なし・□放棄・□分割済・□分割未了

5　現在居住中の家屋

□賃貸住宅（賃借人＝申立人）

□公営住宅（賃借人＝申立人）

□持ち家（□一戸建・□マンション）（所有者＝申立人）

□申立人以外の者の所有住宅に無償で居住

（所有者氏名　　　　　　，申立人との関係　　　　　　　　　）

□その他　＿＿＿＿＿＿＿＿＿＿＿＿＿＿＿＿＿＿＿＿＿＿＿＿＿

第2　破産申立てに至った事情（債務増大の経緯及び支払ができなくなった事情）

　1　多額の借金をした理由（複数選択可）。
　　□生活費不足
　　□住宅ローン
　　□教育費
　　□浪費等（飲食・飲酒，投資・投機，商品購入，ギャンブル等）
　　□事業（店）の経営破綻（ネットワークビジネス・マルチ商法等の破綻も含む。）
　　□他人（会社，知人等）の債務保証
　　□その他　_____

　2　借金を返済できなくなったきっかけ（複数選択可）。
　　□収入以上の返済金額
　　□解雇
　　□給料の減額
　　□病気等による入院
　　□その他　_____

　3　支払不能になった時期　　　　平成____年____月ころ
　　　そのころの月々の約定返済額　金_____円

5　破産申立に至った具体的事情

年月日	内　　容

第3　免責不許可事由に関する報告

1　浪費等の有無　**破産法252条1項4号関係**
(1)　飲食・飲酒　【□有　□無】
　　　　時　　期：　　　年　　月〜　　年　　月
　　　　回　　数：月　　　回
　　　　金　　額：月　　　円
(2)　投資・投機　【□有　□無】
　　　　時　　期：　　　年　　月〜　　年　　月
　　　　対　　象：□不動産　□株式　□先物取引　□その他
　　　　損失額　：　合計　　　円
(3)　物品購入　【□有　□無】
　　　　時　　期：　　　年　　月〜　　年　　月
　　　　品　　名：
　　　　金　　額：　合計　　　円
(4)　ギャンブル　【□有　□無】
　　　　対　　象：□パチンコ・パチスロ　□競馬・競輪・競艇　□その他
　　　　金　　額：　合計　　　円

2　廉価処分の有無　**破産法252条1項2号関係**　　　【□有　□無】
　　　　品　　名：
　　　　購入時期：　　　年　　月ころ
　　　　購入価額：　　　　円
　　　　処分時期：　　　年　　月ころ
　　　　処分価額：　　　　円

3　偏頗行為の有無　**破産法252条1項3号関係**　【□有　□無】
　　　　時　　期：　　　年　　月ころ
　　　　相手氏名：
　　　　弁済額　：　　　　円

4　詐術の有無　**破産法252条1項5号関係**　　　　　【□有　□無】
　　　　時　　期：　　　年　　月ころ
　　　　相手氏名：
　　　　弁済額　：　　　　円
　　　　詐術の態様：

4　過去の免責等に関する状況　**破産法252条1項10号関係**　【□有　□無】
　(1)　申立前7年以内に破産免責手続を利用して免責の決定が確定したこと
　　　　　　　＿＿＿＿＿地方裁判所＿＿＿＿＿＿支部
　　　　　　平成＿＿＿＿年(フ)第＿＿＿＿＿＿＿号
　　　　　　平成＿＿＿＿年(モ)第＿＿＿＿＿＿＿号
　　　　　　免責決定確定日　平成＿＿＿＿年＿＿＿＿月＿＿＿＿日

　(2)　申立前7年以内に給与所得者等再生手続を利用して，再生計画に定められた
　　　弁済を終了したこと
　　　　　　　＿＿＿＿＿地方裁判所＿＿＿＿＿＿支部
　　　　　　平成＿＿＿＿年（再　）第＿＿＿＿＿＿号
　　　　　　再生計画認可決定確定日　平成＿＿＿＿年＿＿＿＿月＿＿＿＿日

　(3)　申立前7年以内に個人再生手続を利用したが，再生計画の遂行が極めて困
　　　難となり，免責の決定を受けたこと
　　　　　　　＿＿＿＿＿地方裁判所＿＿＿＿＿＿支部
　　　　　　平成＿＿＿＿年（再　）第＿＿＿＿＿＿号
　　　　　　再生計画認可決定確定日　平成＿＿＿＿年＿＿＿＿月＿＿＿＿日
　　　　　　平成＿＿＿＿年(モ)第＿＿＿＿＿＿＿号

5　その他破産法所定の免責不許可事由に該当する具体的行為　　　【□有　□無】
　　　＿＿＿＿＿＿＿＿＿＿＿＿＿＿＿＿＿＿＿＿＿＿＿＿＿＿＿＿＿＿＿＿＿＿＿＿
　　　＿＿＿＿＿＿＿＿＿＿＿＿＿＿＿＿＿＿＿＿＿＿＿＿＿＿＿＿＿＿＿＿＿＿＿＿
　　　＿＿＿＿＿＿＿＿＿＿＿＿＿＿＿＿＿＿＿＿＿＿＿＿＿＿＿＿＿＿＿＿＿＿＿＿
　　　＿＿＿＿＿＿＿＿＿＿＿＿＿＿＿＿＿＿＿＿＿＿＿＿＿＿＿＿＿＿＿＿＿＿＿＿
　　　＿＿＿＿＿＿＿＿＿＿＿＿＿＿＿＿＿＿＿＿＿＿＿＿＿＿＿＿＿＿＿＿＿＿＿＿

6　上記に記載した場合であっても，免責不許可事由に該当しない，又は裁量により
　免責され得る具体的事情　　　　　　　　　　　　　　　【□有　□無】
　　　＿＿＿＿＿＿＿＿＿＿＿＿＿＿＿＿＿＿＿＿＿＿＿＿＿＿＿＿＿＿＿＿＿＿＿＿
　　　＿＿＿＿＿＿＿＿＿＿＿＿＿＿＿＿＿＿＿＿＿＿＿＿＿＿＿＿＿＿＿＿＿＿＿＿
　　　＿＿＿＿＿＿＿＿＿＿＿＿＿＿＿＿＿＿＿＿＿＿＿＿＿＿＿＿＿＿＿＿＿＿＿＿
　　　＿＿＿＿＿＿＿＿＿＿＿＿＿＿＿＿＿＿＿＿＿＿＿＿＿＿＿＿＿＿＿＿＿＿＿＿
　　　＿＿＿＿＿＿＿＿＿＿＿＿＿＿＿＿＿＿＿＿＿＿＿＿＿＿＿＿＿＿＿＿＿＿＿＿
　　　＿＿＿＿＿＿＿＿＿＿＿＿＿＿＿＿＿＿＿＿＿＿＿＿＿＿＿＿＿＿＿＿＿＿＿＿
　　　＿＿＿＿＿＿＿＿＿＿＿＿＿＿＿＿＿＿＿＿＿＿＿＿＿＿＿＿＿＿＿＿＿＿＿＿
　　　＿＿＿＿＿＿＿＿＿＿＿＿＿＿＿＿＿＿＿＿＿＿＿＿＿＿＿＿＿＿＿＿＿＿＿＿

7　債権者から免責に対する意見の記載が有る場合，それに対する反論

【巻末資料６】破産申立書（法人・管財事件用）

【印 紙】
（1000 円）

破産申立書
（法　人）

平成　　年　　月　　日

○○地方裁判所　　御　中

　　　　　　　申立代理人弁護士 ＿＿＿＿＿＿＿＿＿＿＿＿＿＿＿　印
　　　　　　　送達場所（事務所）〒＿＿＿＿＿＿＿＿＿＿＿＿＿＿＿＿
　　　　　　　　TEL（　　）　　　－　　　　FAX（　　）　　　－

申立人（債務者）＿＿＿＿＿＿＿＿＿＿＿＿＿＿＿＿＿＿＿＿＿＿＿＿

代表者 ＿＿＿＿＿＿＿＿＿＿＿＿＿＿＿＿＿＿＿＿＿＿＿＿＿＿＿＿＿

本店所在地 （〒　　－　　　）
□〒＿＿＿＿＿＿＿＿＿＿＿＿＿＿＿＿＿＿＿＿＿＿＿＿＿＿＿＿＿＿

申　立　て　の　趣　旨
　債務者について破産手続を開始する。

申　立　て　の　理　由
　債務者は，債権者○○名に対し，金○○○万○○○○円の債務を負担しているが，債務超過又は支払不能の状態にある。

<添付書類>
　　　　□債権者一覧表
　　　　□財産目録
　　　　□申立人代理人作成の報告書
　　　　□申立人代表者作成の陳述書
　　　　□疎明資料一式（号証番号を付したもの）
　　　　□税務申告書及び決算報告書（２期分）
　　　　□委任状
　　　　□履歴事項全部証明書（３か月以内）
　　　　□取締役会議事録または取締役全員の同意書

※各裁判所による型式の違いに注意してください。

【巻末資料７】 破産申立書（自然人・管財事件用）

印　紙
(1500円)

破産申立書
（自然人・管財事件）

平成　年　月　日

○○地方裁判所　　御　中

　　　　　申立代理人弁護士＿＿＿＿＿＿＿＿＿＿＿＿＿＿＿＿＿＿印

　　　　　送達場所(事務所)〒＿＿＿＿＿＿＿＿＿＿＿＿＿＿＿＿＿
　　　　　　　　　　TEL（　　）　　　－　　　　FAX（　　）　　－

申立人氏名：＿＿＿＿＿＿＿＿＿＿＿＿（旧姓＿＿＿＿）

生年月日　：大・昭・平＿＿年＿＿月＿＿日生（＿＿歳）

本　　　籍：別添住民票記載のとおり
現住所：□　住民票記載のとおり（〒　　　－　　　）
　　　　□住民票と異なる場合：〒　　　－＿＿＿＿＿＿＿＿＿＿＿＿
電話番号　＿＿＿＿＿（　　　）＿＿＿＿＿

申 立 て の 趣 旨

1　申立人について，破産手続を開始する。
2　申立人（破産者）について，免責を許可する。
との裁判を求める。

申 立 て の 理 由

　　申立人は，債権者一覧表のとおりの債務を負担しているが，支払不能の状態にある。

※各裁判所による型式の違いに注意してください。

事 項 索 引

あ行

宛所尋ねあたらず‥‥‥‥‥‥‥‥‥‥166
異時廃止‥‥‥‥‥‥‥‥‥‥‥‥‥9, 72
一般管財事件‥‥‥‥‥‥‥‥‥‥‥‥10
委任状の用意‥‥‥‥‥‥‥‥‥‥‥149
依頼者
　──からの聞き取り‥‥‥‥‥‥208
　──からの問合せ‥‥‥‥‥‥‥210
　──側への協力要請‥‥‥‥‥‥248
　──（債務者）の住所・氏名・生
　　年月日‥‥‥‥‥‥‥‥‥37, 109
　──にしてもらうことの説明‥‥‥147
　──に準備してもらうこと‥‥‥147
　──の特定‥‥‥‥‥‥‥‥‥108
　──の負債総額，債権者数‥‥‥37
　──の本人確認‥‥‥‥‥‥105, 108
　──への説明‥‥‥‥‥‥‥‥208
　──（申立人）の住所・氏名・職
　　業‥‥‥‥‥‥‥‥‥‥‥‥100
依頼者カード‥‥‥‥‥‥‥‥‥‥102
受取手形・小切手目録‥‥‥‥‥‥266
売掛金‥‥‥‥‥‥‥‥‥‥‥‥‥234
売掛金目録‥‥‥‥‥‥‥‥‥‥‥266
営業などの取引上の債務，リース・
　ローン，電話代などの債務‥‥‥‥251

か行

買掛金一覧表‥‥‥‥‥‥‥‥‥‥260
会計・経理関係，売上関係の書類‥‥‥217
開始決定　→破産手続開始決定
会社の財産状況，財産処分の有無‥‥‥282
回送嘱託‥‥‥‥‥‥‥‥‥‥‥‥48
家計収支表の作成‥‥‥‥‥‥‥‥148
貸付金‥‥‥‥‥‥‥‥‥180, 235, 293
貸付金目録‥‥‥‥‥‥‥‥‥‥‥266
家族構成‥‥‥‥‥‥‥‥‥‥‥‥187

過払金‥‥‥‥‥‥‥‥‥‥‥‥‥186
過払金返還請求‥‥‥‥‥‥‥‥‥22
借入金一覧表‥‥‥‥‥‥‥‥‥‥258
借入・購入の時期‥‥‥‥‥‥‥‥94
管轄の確認‥‥‥‥‥‥‥‥‥‥290
管財事件‥‥‥‥‥‥‥‥‥‥‥‥7
機械・工具類目録‥‥‥‥‥‥‥‥267
求償金‥‥‥‥‥‥‥‥‥‥‥‥180
給与‥‥‥‥‥‥‥‥‥‥‥‥‥293
給与・退職金の支払‥‥‥‥‥‥‥243
強制執行や保全執行への影響‥‥‥‥50
銀行からの借入れの有無‥‥‥‥‥128
勤務先からの借入れの有無‥‥‥‥131
金融機関に対する債務‥‥‥‥‥‥250
金融業者に対する債務‥‥‥‥‥‥251
クレジットカード等の保管‥‥‥‥295
係属している訴訟の有無‥‥‥‥‥282
結婚・離婚歴‥‥‥‥‥‥‥‥‥187
現金‥‥‥‥‥‥‥‥‥178, 265, 292
　──の保管・管理‥‥‥‥‥‥231
健康保険被保険者証の回収と健康保
　険の切替手続の説明‥‥‥‥‥‥244
現在居住中の家屋‥‥‥‥‥‥‥‥187
原債権者‥‥‥‥‥‥‥‥‥‥‥176
原債権の代位‥‥‥‥‥‥‥‥‥176
現在の債務額‥‥‥‥‥‥‥‥‥94
現在の住所・居所‥‥‥‥‥‥‥‥110
源泉徴収票の交付‥‥‥‥‥‥‥‥244
公告‥‥‥‥‥‥‥‥‥‥‥‥‥45
購入した財産‥‥‥‥‥‥‥‥‥295
個人（自然人）の資格制限‥‥‥‥47
戸籍記載事項証明書‥‥‥‥‥‥‥150
個別管財事件‥‥‥‥‥‥‥‥‥11

さ行

債権債務・生活状況の聞き取りカー
　ド‥‥‥‥‥‥‥‥‥‥‥‥‥102

債権者 ························ 21
　──が債権の管理・回収を債権管
　　理回収会社に委託・債権譲渡し
　　た場合 ····················· 177
　──からの問合せ ······· 159, 165, 226
　──数の把握 ················· 118
　──の意見に対する反論 ········· 195
　──の確認 ·············· 124, 128
債権者一覧表 ···· 93, 174, 177, 250, 256, 297
　──の作成 ················· 159
　──の作成・確認 ············· 250
債権者破産 ···················· 21
債権者名・住所・債権額などの整理 ···· 128
債権調査 ···················· 221
債権調査票 ··············· 144, 291
　──の作成 ················· 157
　──の整理 ················· 166
　──の説明 ················· 143
　──用紙 ··················· 38
　──を提出した債権者 ········· 167
債権届出書 ··················· 174
在庫商品 ···················· 235
在庫商品目録 ················· 266
財産状況の調査，確保 ··········· 229
財産状況報告集会等の期日調整 ······· 286
財産に対する効果 ··············· 46
財産目録 ············ 95, 101, 178, 297
　──の作成 ·············· 101, 265
財団債権 ················· 60, 253
裁判所への申立書類の提出 ········· 199
債務
　──の確認・債権調査 ········· 291
　──の内容 ················· 101
　──の内容の調査 ············· 221
債務者 ······················ 22
債務総額 ···················· 118
裁量免責 ················· 82, 195
　──を得られる事実の有無 ······· 195
詐術 ······················· 194
次回打合せの説明 ··········· 138, 147

次回の打合せ日の設定 ··········· 149
事件の処理方針 ················· 37
自己破産 ···················· 5, 22
資産の調査 ··················· 292
自然人
　──（個人）の居住制限 ········· 46
　──の破産同時廃止事件の申立て ···· 87
使途 ······················· 94
自動車 ····················· 184
　──などの車両の保管，ETCカー
　　ドの回収 ················· 237
　──の評価・査定書 ··········· 151
自動車検査証 ················· 151
自動車目録 ··················· 267
支払停止 ················· 14, 15
支払不能 ············· 14, 101, 118
　──であるか否かの判断 ········· 119
支払不能，支払停止となった時期・
　原因 ····················· 281
事務所・営業所・倉庫の安全性の確
　保 ······················· 241
車検証 ····················· 151
車両 ······················· 295
什器備品目録 ················· 267
従業員
　──の解雇 ················· 243
　──の給料等についての資料の確
　　保・整理 ················· 218
　──への対処 ··············· 241
住居に関する資料 ·············· 151
自由財産 ····················· 64
　──の拡張申立て ············· 297
　──の定義と内容 ·············· 65
自由財産拡張制度 ··············· 66
　──の運用基準 ··············· 68
自由財産拡張の方法 ············· 68
収入 ······················· 293
　──に関する資料 ············· 151
住民税の徴収方法の変更の説明 ······· 244
住民登録の有無 ················ 110

事項索引 317

住民票の写しの取得 …………………… 150
主たる債務 ………………………………… 29
主たる債務者 ……………………………… 29
受任通知 …………………… 35, 142, 144
　　——と債権調査票の発送 ……… 153, 158
　　——の説明 …………………………… 142
　　——の説明・今後の手続，準備し
　　　てもらうもの …………………… 138
　　——の文案の作成 ………………… 157
受任通知書 ……………………………… 291
受任通知発送 …………………………… 221
準自己破産 ………………………………… 24
賞与 ……………………………………… 293
職歴 ……………………………………… 187
処分した財産 …………………………… 295
資料の収集 ……………………………… 217
信書便物 …………………………………… 48
親族・友人からの借入れの有無 …… 130
設備機械，什器備品 ………………… 236
訴訟上の効果 ……………………………… 49
租税債権 ………………………………… 251
　　——の破産債権化 …………………… 56
その他の債権者一覧表 ……………… 263
その他の財産 …………………………… 185
その他の財産目録 ……………………… 268
その他の動産 …………………………… 185
その他破産法所定の免責不許可事由
　　に該当する行為の有無 …………… 195

た行

賃借不動産の返還 ……………………… 238
退職金 …………………………………… 181
退職金共済手続 ………………………… 245
退職金支給規定 ………………………… 151
退職金請求権 …………………………… 293
退職金（見込）額証明書 …………… 151
退職金見込額証明書 …………………… 181
滞納公租公課一覧表 …………………… 264
賃借保証金・敷金目録 ……………… 268
陳述書 …………………………… 187, 280

賃貸借の保証金・敷金 ……………… 180
通信の秘密の制限 ………………………… 48
通信費としての郵券 …………………… 33
通知 ………………………………………… 45
通知等不送達 …………………………… 166
積立金 …………………………………… 294
提出書類，その他必要なものの確認 … 198
手形・小切手債権一覧表 …………… 259
手形・小切手などの有価証券の確保 … 233
転居先不明 ……………………………… 166
電話加入権 ……………………………… 238
電話加入権目録 ………………………… 267
同一の債権者が複数の債権を有する
　　場合 …………………………………… 175
同意破産手続廃止 ………………………… 73
登記・登録の嘱託等 …………………… 46
同時処分 …………………………………… 43
同時廃止 …………………… 6, 12, 71, 91
　　——の破産手続開始申立で使用す
　　　る書式 …………………………… 173
同時廃止事件 …………………………… 207
当然復権 …………………………………… 85
特別法上の差押禁止債権 ……………… 66

な行

納付郵券 ………………………………… 284

は行

破産開始決定 ……………………………… 41
破産管財事件 ………………………… 9, 207
　　——の受任 ………………………… 207
　　——の申立て ……………………… 205
　　——の申立準備 …………………… 215
　　——の申立準備（自然人の場合） … 288
破産管財人 …………………………… 6, 207
　　——（候補者）との面談期日の調
　　　整 ………………………………… 286
　　——の選任 …………………………… 43
　　——への情報提供 ………………… 286
　　——への資料等の引継ぎ ………… 286

破産原因‥‥‥‥‥‥‥‥‥‥‥ 13, 14
　──と債務状況の確認 ‥‥‥‥‥114
　──の確認 ‥‥‥‥‥‥‥‥‥‥118
破産債権‥‥‥‥‥‥‥‥‥‥‥‥‥ 55
　──に関する訴訟 ‥‥‥‥‥‥‥ 50
　──の種類・順位 ‥‥‥‥‥‥‥ 57
　──の調査をするための期間 ‥‥‥ 44
　──の届出をすべき期間 ‥‥‥‥ 43
破産財団‥‥‥‥‥‥‥‥‥‥‥‥‥ 6
破産事件（手続）の種類 ‥‥‥‥‥‥ 8
破産者の財産状況を報告するために
　招集する債権者集会の期日 ‥‥‥ 44
破産手続開始決定‥‥‥‥‥‥‥‥‥ 41
　──後の事務手続 ‥‥‥‥‥‥‥200
　──に対する不服申立て ‥‥‥‥ 42
　──の効果 ‥‥‥‥‥‥‥‥‥‥ 46
　──の受領 ‥‥‥‥‥‥‥‥‥‥287
　──の要件 ‥‥‥‥‥‥‥‥‥‥ 41
破産手続開始の申立ての取下げ制限
　‥‥‥‥‥‥‥‥‥‥‥‥‥‥51, 285
破産に至った事情‥‥‥‥‥‥‥‥‥282
破産の同時廃止事件‥‥‥‥‥‥‥‥ 91
破産廃止‥‥‥‥‥‥‥‥‥‥‥‥9, 70
　──の効果 ‥‥‥‥‥‥‥‥‥‥ 74
破産法の目的‥‥‥‥‥‥‥‥‥‥‥ 3
破産免責‥‥‥‥‥‥‥‥‥‥‥‥75, 77
破産免責許可決定‥‥‥‥‥‥‥‥‥202
破産申立て
　──ができる人（申立権者）‥‥‥ 20
　──に至った事情‥‥‥‥‥188, 189
　──に必要な費用 ‥‥‥‥‥‥‥ 31
　──による復権 ‥‥‥‥‥‥‥‥ 85
　──の管轄 ‥‥‥‥‥‥‥‥‥‥ 25
　──の趣旨 ‥‥‥‥‥‥‥‥‥‥ 92
　──の手順・流れ ‥‥‥‥‥‥‥285
　──の方式 ‥‥‥‥‥‥‥‥‥‥283
　──の理由 ‥‥‥‥‥‥‥‥‥‥ 92
　──をする裁判所 ‥‥‥‥‥‥‥ 25
破産申立書‥‥‥‥‥‥‥‥‥‥‥‥173
　──の作成 ‥‥‥‥‥‥‥‥‥‥248

破産予納金‥‥‥‥‥‥‥‥‥‥33, 284
　──の準備 ‥‥‥‥‥‥‥‥‥‥219
判明している債権者の確認‥‥‥‥‥156
非免責債権‥‥‥‥‥‥‥‥‥‥‥‥ 83
付随処分‥‥‥‥‥‥‥‥‥‥‥‥‥ 45
不送達になって郵便物が戻ってきた
　債権者 ‥‥‥‥‥‥‥‥‥‥‥‥167
復権‥‥‥‥‥‥‥‥‥‥‥‥‥‥75, 85
不動産‥‥‥‥‥‥‥‥‥‥181, 236, 295
不動産関係資料の確保・整理‥‥‥‥219
不動産目録‥‥‥‥‥‥‥‥‥‥‥‥266
別除権‥‥‥‥‥‥‥‥‥‥‥‥183, 255
返済原資（収入）の確認‥‥‥‥‥‥119
偏頗行為‥‥‥‥‥‥‥‥‥‥‥‥‥193
偏頗弁済‥‥‥‥‥‥‥‥‥‥‥‥‥292
報告書‥‥‥‥‥‥ 96, 101, 187, 280, 297
　──の作成 ‥‥‥‥‥‥‥‥101, 280
報酬‥‥‥‥‥‥‥‥‥‥‥‥‥‥‥293
保管金提出書‥‥‥‥‥‥‥‥‥‥‥298
保険‥‥‥‥‥‥‥‥‥‥‥179, 241, 294
保険会社からの借入れの有無‥‥‥‥130
保険（共済）証券‥‥‥‥‥‥‥‥‥151
保険目録‥‥‥‥‥‥‥‥‥‥‥‥‥268
保証委託契約に基づく求償債権‥‥‥176
保証会社・信用保証協会と保証委託
　契約をしている場合 ‥‥‥‥‥‥175
保証人‥‥‥‥‥‥‥‥‥‥‥‥‥‥ 29
本籍地・国籍‥‥‥‥‥‥‥‥‥‥‥110
本人の確認‥‥‥‥‥‥‥‥‥‥‥‥290

ま行

民事執行法上の差押禁止債権‥‥‥‥ 66
民事執行法上の差押禁止動産‥‥‥‥ 66
免責異議申述期間‥‥‥‥‥‥‥‥‥201
免責許可決定‥‥‥‥‥‥‥‥‥‥‥201
　──の効果 ‥‥‥‥‥‥‥‥‥‥ 83
　──の申立て ‥‥‥‥‥‥‥‥‥201
免責許可についての審理‥‥‥‥‥‥ 78
免責の取消‥‥‥‥‥‥‥‥‥‥‥‥ 84
免責不許可事由‥‥‥‥‥‥‥‥‥‥ 78

事項索引　319

―― に関する報告 ·························191
免責申立ての方法 ·························· 77
申立後，破産手続開始決定までの流
れ ·······································286
申立書 ·································91, 296
―― の作成 ····························296
―― の提出から提出後の流れ ········297
申立書類
―― などの記入 ····················148
―― の作成・提出 ··················246
―― の提出 ····················200, 283
―― の提出から官報公告費納付ま
で ·····································297
申立代理人側の準備 ·····················295
申立提出後，第 1 回財産状況報告集
会まで ···································298
申立手数料 ·························· 32, 283
申立　→破産申立て

や行

約定劣後破産債権 ························ 59
有価証券 ·································294
有価証券目録 ·····························267
優先的破産債権 ·························· 57
郵便切手 ································ 33
郵便物を発送して戻ってきてはいな
いが，債権調査票の提出がされな
かった債権者 ·····················168
用意してもらう物 ·····················147
預金通帳 ·································150
預貯金 ························ 232, 292
預貯金・財形貯蓄などの積立金 ········178
預貯金目録 ·····························265
予納金の準備 ··························296

ら行

リース債権一覧表 ·······················261
リース・レンタル物件の返還 ··········239
離職票の交付 ··························244
劣後的破産債権 ·························· 58

廉価処分 ·································192
連帯保証人・保証人がいる場合 ········175
連帯保証人・保証人・保証会社・信
用保証協会が，既に代位弁済した
場合 ·····································176
連絡先電話番号・メールアドレス ······112
労働債権 ·································253
労働債権一覧表 ·························262
浪費等 ·································192

著者紹介

矢野 公一（やの・まさかず）

1989年に信州大学農学部卒業後，食品会社勤務（開発職）を経て，法律事務の世界へ。

1991年より大藏法律事務所（1999年より大藏・児玉法律事務所，いずれも大阪）にて法律事務職員として勤務をはじめる。その後約30年にわたり，多種多様な事件の法律事務にかかわる。現在は，弁護士法人大阪ときわ法律事務所（大阪）の事務局にて多忙な業務を行う傍ら，後進の指導にも積極的に取り組んでいる。ユーモアあふれる親身な指導で活躍中。

NPO法人 法律専門秘書教育協会理事（2012年〜）

Facebook https://www.facebook.com/yano.masakazu

これまでの研修実績

大阪YWCA専門学校

「法律秘書養成講座入門コース」（2007年〜2011年）

大阪弁護士会

「事務職員研修」（2008年〜）

日本弁護士連合会

「事務職員能力認定制度に基づく研修会」（2008年・2009年）

パラリーガル岡山

「日弁連事務職員能力認定試験フォロー研修」（2009年〜）

著 書

『スキルアップ法律事務テキスト』（日本加除出版，2010年）

『スキルアップ法律事務ワークブック①・②』（日本加除出版，2011年）

『スキルアップ法律事務裁判所提出書類の作り方・集め方 民事訴訟／保全／執行』（日本加除出版，2013年）

スキルアップ法律事務　破産申立ての事務手続

2018年10月26日　初版発行
2021年7月2日　初版第2刷発行

著　者　矢　野　公　一

発行者　和　田　　　裕

発行所　日 本 加 除 出 版 株 式 会 社

本　　　社　郵便番号 171-8516
　　　　　　東京都豊島区南長崎3丁目16番6号
　　　　　　TEL　(03)3953-5757（代表）
　　　　　　　　　(03)3952-5759（編集）
　　　　　　FAX　(03)3953-5772
　　　　　　URL　www.kajo.co.jp

営 業 部　郵便番号 171-8516
　　　　　　東京都豊島区南長崎3丁目16番6号
　　　　　　TEL　(03)3953-5642
　　　　　　FAX　(03)3953-2061

組版　㈱郁文　／　印刷・製本（POD）　京葉流通倉庫㈱

落丁本・乱丁本は本社でお取替えいたします。
★定価はカバー等に表示してあります。
ⓒ Masakazu Yano 2018
Printed in Japan
ISBN978-4-8178-4512-2

JCOPY　〈出版者著作権管理機構　委託出版物〉

　本書を無断で複写複製（電子化を含む）することは，著作権法上の例外を除き，禁じられています。複写される場合は，そのつど事前に出版者著作権管理機構（JCOPY）の許諾を得てください。
　また本書を代行業者等の第三者に依頼してスキャンやデジタル化することは，たとえ個人や家庭内での利用であっても一切認められておりません。

〈JCOPY〉　HP：https://www.jcopy.or.jp，e-mail：info@jcopy.or.jp
　　　　　電話：03-5244-5088，FAX：03-5244-5089

スキルアップ法律事務 裁判所提出書類の作り方・集め方
民事訴訟／保全／執行

矢野公一 著

商品番号：40528
略　　号：法裁

2013年9月刊 A5判 368頁 定価3,080円（本体2,800円） 978-4-8178-4114-8

- 現場をよく知り、研修会講師として活躍中のベテラン事務職員が、「正しく、素早い」申立ての準備の仕方を解説。
- 事務の流れに沿って、事務手続き上の疑問点や問題点を細かく、深く解説。
- 理解を助ける80パターン以上の書式、図解、イラスト、コラムを収録。

スキルアップ 法律事務テキスト
民事訴訟・執行・保全の入門から実務まで

矢野公一 著

商品番号：40390
略　　号：法テ

2010年2月刊 A5判 324頁 定価2,970円（本体2,700円） 978-4-8178-3856-8

- 法律事務所の職員や初任の弁護士が法律事務の基本を身に付けるためのテキスト。
- 新しい問題や疑問に直面しても解決できる能力を身に付けることを重視。
- 基本から実践すべき実務のポイントまでを、事務職員の会話や事例を挙げながら解説。

日本加除出版

〒171-8516　東京都豊島区南長崎3丁目16番6号
TEL（03）3953-5642　FAX（03）3953-2061（営業部）
www.kajo.co.jp